子の中学受験日記

君とパパの片道列車

著
灘中までの道

光文社

君とパパの片道列車

最難関校を目指した父子の中学受験日記

はじめに

私は『灘中《なだちゅう》までの道《みち》』というアカウント名で、ツイッターに息子の中学受験の様子を毎日投稿していました。

そのアカウントには大変多くの反響があり、合格発表のツイートには百万件以上のアクセスを頂きました。この本は、そのツイートに加筆修正して、受験日記としてまとめたものです。

最難関校のひとつ、兵庫県の灘中学校。

「地元の私立中学に行けたらいいね」と言って静かに始まった息子の中学受験は、灘中合格を目標にしたことで「最難関受験」へと激変しました。

関西受験、そして関東受験。東西の雄、灘・開成《かいせい》に挑む選抜クラスの小学六年生たちは、全国の難関校を次々と、一斉に受験していきます。

小学生が挑む中学受験。その親のサポートは伴走《ばんそう》と呼ばれます。

この本には受験のドキドキはもちろん、中学受験ならではの伴走についても記載しました。

これからお子さんの中学受験を経験される保護者の方に、少しでも参考になれば幸いです。

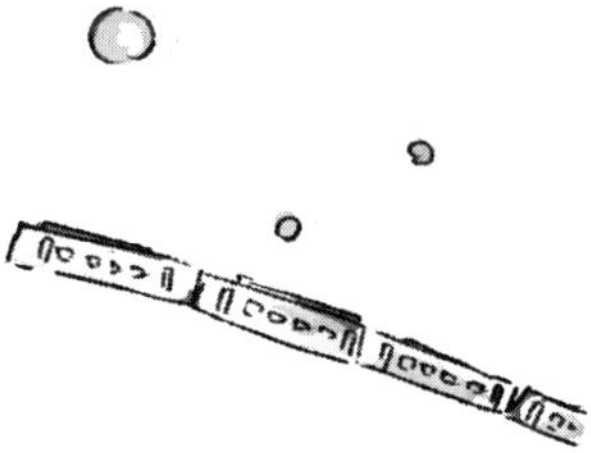

CONTENTS

装画＊今日マチ子
装丁＊アルビレオ

第一章

受験生になるまでに

我が家の家庭環境

私はサラリーマンです。
家族は妻と、子供がふたりいます。
そして、この日記の主人公となる「息子」は、元気一杯の男の子。中学受験を経て、二〇二二年四月に私立中学に進学しました。SNS風に言えば、「中受@2022組」です。

私と妻には中学受験の経験がなく、地元の公立中学を卒業しています。最終学歴はふたりとも一応、大卒です。

共働きで、私は仕事でいつも帰りが遅く、妻も職場を飛び出して帰宅し、急いで夕食の支度をする忙しい毎日。

そんな中、車で十分ほどのところに妻の母親が住んでいて、帰宅した息子にお弁当を持たせて塾へと送り出してくれたことは、息子の中学受験において大きな強みとなりました。

保育園から小学校へ

息子の一番の特技は睡眠です。「寝る子は育つ」を地でいく息子は、三年間の育休を取った妻に見守られてすくすくと育ち、活発で明るい子供になりました。

ウルトラマンが大好きな男の子。年少からは保育園に入り、この頃からピアノと水泳を、小学校に上がる少し前からは書道も始めました。

土曜日は習い事で大忙し。その分、日曜日はテレビやマンガで、自由な時間を過ごしていました。

平日は義父母が交代で保育園のお迎えに行ってくれました。それから妻が義父母の家へ迎えに行くまでの約一〜二時間、義父母が自分たちの自宅で、ひらがな、カタカナ、計算、漢字など、勉強の基礎を教えてくれました。

その後、息子は地元の公立小学校へ入学し、放課後は公立の学童保育に通い始めます。学校の宿題はもちろん、挨拶や友達との関わり方などが学べる学童保育は、息子を大きく成長させてくれました。

でも、この頃の私は仕事が忙しく、帰宅する頃には息子は就寝していてゆっくり話せるのは土日だけ。私は息子の勉強をほとんど見たことがありませんでした。

小学三年生の二月に入塾

　そんな普通の小学校生活を送っていた息子。でも小学三年生の一月のある日、妻が中学受験の塾に息子の入塾を申し込んできました。

「中学受験？　でも塾って、四月からじゃないの？」

「違う。中学受験は二月から」

　中学受験は一般的に、小学三年生の二月に入塾して六年生の二月に終わる、三年間の戦いです。学年と同じ区切りだと思って四月からスタートすると、そこで二か月分、出遅れることになります。

「家にいてもテレビを見るか、ゲームをするだけ。昔のように子供らしい生活はできないから」

　妻の言う通り、現代にはゲームや動画があり、自宅にいても昔ながらの小学生らしい過ごし方はできそうにありません。それなら塾にいる時間だけでも勉強してくれれば。

「大丈夫。もう申し込んできた」

　妻のこの思い切った行動で、息子は出遅れることなく中学受験のスタートを切ることになりました。

こうして、息子の通塾生活が始まりました。

学童保育から自宅に帰ってきたらおやつを食べて、義母に駅まで送ってもらいます。そこからひとりで電車を乗り継ぎ、およそ三十分かけて塾に向かいます。

入塾する直前、小学三年生の一月に、ピアノ、水泳、書道などの習い事はすべて退会しました。

「水泳だけは五年生まで続けたら？」

「ダメ。こういうのは、スパッといかないと」

大体、この家の決定権は妻にあり、私が何を言っても覆《くつがえ》ることはありません。

この頃は塾の授業も週のうち平日に二日程度で時間も短く、中学受験といっても意外にのんびりとしたスケジュールなんだな、といった印象でした。

塾の宿題は土曜日か日曜日に終わらせていたようです。それでも習い事がなくなったので時間に余裕があり、私もたまに休みがあると、息子と公園でのんびりと日が暮れるまでキャッチボールをしていました。

「これで私立中学に行けるなら、中学受験もなかなか良いね」

その頃の私は本当にそう思っていました。

小学4年生・平日 週2回 通塾スケジュール

6:45 起床　朝食
7:45 登校

16:00 学童保育から帰宅
17:00 電車で出発
17:30 塾に到着
20:00 授業終了
20:45 車で帰宅　食事・入浴
21:45 就寝

小学4年生・土曜日 月2回 通塾スケジュール

7:00 起床　朝食
テレビ・ゲーム
9:00 勉強
10:30 テレビ・ゲーム
12:00 昼食
13:00 車で出発
13:30 塾に到着
17:00 授業終了
17:45 車で帰宅　食事・入浴
テレビ・ゲーム
21:00 就寝

しかし、その「のんびり中学受験」は、小学四年生の終わりに激変します。
本番まで、あと二年。息子の「最難関受験」が始まろうとしていました。

灘コースとは

二〇二〇年三月、息子が小学五年生に上がろうとする頃に、新型コロナウイルス感染症の影響で全国の小学校が休校になりました。

息子が通っている塾も授業がなくなり、テキストを自分で勉強し、定期テストも自宅で済ませて郵送する「通信制スタイル」を強《し》いられました。

でも、息子にとっては夢のような展開です。

まず、朝から昼までテレビで録画したジブリ映画の『千《せん》と千尋《ちひろ》の神隠《かみかく》し』を見る。お昼ごはんを食べてから今度は『天空《てんくう》の城《しろ》ラピュタ』を見て、夕食を食べて、アニメ番組を見てから寝る。

パンツ一丁でソファに横たわり、のんびりとした生活を満喫する息子。この状況で小学生が自分から勉強するはずがありません。

普段は息子の勉強を見ることがなかった私も、「少しは勉強させないとまずい」と思って、その時に初めて塾の算数のテキストを見てみました。

「小学四年生がやっている問題ぐらいわかるだろう」と思いましたが、これが意外と難しく、大人の私でもわかりません。

息子の話では、塾に二つあるクラスのうち、成績上位のクラスにいるそうです。そうか、だから問題が難しいのか。


すると、息子が算数のテキストにある、各回の最後の問題に手をつけずに進めていることに気が付きました。

「あれ？　この問題はどうしてやらないの？」

「大丈夫。これはやらなくて良い問題だから」

「でもテキストにあるのなら、やった方が良いんじゃない？」

息子にそう聞いてみると、次のように答えました。

「世の中には次元の違う子供たちがいる。都会の校舎には天才が集まる特別なクラスがあって、これはそこだけで使う問題。だから一般人はやる必要がない」

なんと。成績上位のクラスにいると知って喜んでいたのに、さらにその上にクラスがあるとは。

息子はその問題に挑戦しようともしません。私はまだ小学四年生の息子が、すでに自分の限界を決めてしまっていることに衝撃を受けました。

「ちなみに、その一般人には、パパも含む」

たしかに。私も大した学歴ではなく、天才でもありません。でも子供にそう言われると、やはりさみしい。

「ちなみに、ママも含む」

たしかに。妻も私と同レベルです。

「でも、できるかもしれないし。せっかくだからやってみようよ」

「だから、これはやる必要がないの。先生がそう言ったから、やらなくて良いの」

この子が納得してこの問題に取り組むには、その「ものすごいクラス」に上がるしかない。私はそう思って、それがどんなクラスなのかを調べてみることにしました。


塾の先生に電話をしてみると、色々なことがわかりました。

それは「灘コース」（仮称）と呼ばれ、息子の通っている塾の中でも圧倒的に成績が良い子供たちだけが選ばれる「選抜クラス」でした。

どうしたらそのクラスに入れるのだろう。

「灘コースの案内が来ていないなら、お子さんの成績はその基準に届いていていません」

先生の説明によると、テストの結果が規定の水準を超えていれば自動的に案内が届くシステムになっているそうです。

さらにそのクラスは、息子が今およそ三十分かけて通っている校舎には存在せず、そこからもっと先の駅でさらに電車を乗り継いで、自宅から片道一時間以上もかかる都会の校舎まで行かなければならないことがわかりました。

息子が灘コースに行くには成績だけでなく「そんなに遠くまで通塾できるのか」というハードルがあるのです。

妻に相談すると、

「小学生がそんなに遠くまで通えるはずがない。さすがにそれは無理じゃない？」

と笑いました。

私も笑いました。でも一方で、「ここが勝負所なのかも」とも思いました。

息子が今後の人生で何か難しいことに立ち向かうことができるかどうか、ここが分岐点になるかもしれないと思ったのです。

息子に灘コースを目指してもらいたい。

「目標を作ってあげようよ。あの子ならできる」

私がそう言うと、最初は「ありえない」と笑っていた妻も、段々とその気になってきました。

「本人次第かな。本人が行きたいと望むのなら通っても良い。でも早起きしたり帰りが遅くなったり、そんな遠距離通塾、親が強要しても長続きしないよ。本人がやる気にならないと」

妻の言う通り、本人のやる気が大事です。

しかし、息子に「灘コースを目指そうよ」と言っても、「天才たちしか入れない。無理ね」と、最初からあきらめています。

「とにかくすごいらしい。どうせ無理だからやめた方が良い」

おれたち（パパとママも含む）には関係ない世界だから、と言う息子に、私は力を込めて言いました。

「君には小さい頃から光るものがある。三年生の終わりから塾に行っていて、基礎はできているはず。絶対に伸びるよ。君の力はこんなものじゃない」

妻も灘コースを目指すことに賛同して、息子に言ってくれました。

「あなたの力はママがよく知っている。すごい。やればできる子。やれば絶対、誰にも負けない」

両親からそう言われて、息子はまんざらでもないという顔をしました。

「灘コースを目指してやってみようよ。そして、そのためにまずやるべきはこれ」

妻がそう言って過去のテスト用紙を持ってきました。それは息子が入塾してから一年間で受けた、テスト問題と解答でした。

私はこの時初めて、息子のテスト用紙を見ました。

妻が言いました。

「テスト直しが大事だって何度も言ったのに絶対にやらないし。四年生の一年分がそのままになって。新しいことをやるより、そばにいてこれを一緒にやってあげたら？」

「よし。まずはふたりで、このテスト直しから始めよう」

翌日から、息子の中学受験、私の伴走が始まりました。

パパの伴走開始

まずは環境を整えることにしました。

家の本棚に大量にあったマンガをすべて、知人たちの家に預けました。リビングに大きな本棚を置くことは私の夢だったのですが、ここ数年はマンガで一杯、息子が同じマンガを延々と何度も読み続けるので、「どこかで方向転換しないと時間がもったいないかな」と考えていたところでした。お子さんが大学生や社会人になった数人の知人宅へ、好みに合わせてマンガを分けて、車で運びました。

「息子の中学受験が終わったら、また取りに来ますから」

私がそう言うと知人たちは、「親の方が気合いが入っているね」と驚きました。

漢字の勉強になるので、テレビは常に「字幕付き」に。さらに、A4コピー用紙とサインペンを、リビングのテーブルに置きました。テレビを字幕付きで見ていると、気になる漢字が出てきます。それをこのコピー用紙に書いて息子に見せたり、実際に書かせたりします。

リビングには養生《ようじょう》テープでクリアファイルを貼って、簡易的な掲示板を作りました。息子がテレビを見ていてわからなかった漢字があれば、コピー用紙に書いてそのファイルに入れます。

朝食の時間には、私のスマホから音声配信アプリでNHKラジオの朝七時のニュースを流すことにしました。


環境が整ったら、次は勉強です。

テスト直しに勝る勉強なし。

息子が夕食後にリビングで、毎日少しずつですが、テスト直しを始めました。その内容を見ると、同じ問題を何度も間違えていることがよくわかります。

パパの仕事

受験まで、およそ六百日。

ここでひとつの覚悟が必要になりました。

それは、「私の仕事を減らすこと」です。

私の仕事は、個人の成績が数字に表れます。私はなんとか数字を作ろうとして定時が過ぎてもあと少し、もう少しだけと、仕事に時間を費やしてきました。

休みの日も、頭の中には常に仕事のことがありました。平日の飲み会にもなるべく参加して、土日の催事に顔を出す。それがこれまでの私の働き方でした。

しかし、中学受験の伴走は大変です。

私はまず国語の漢字と語句、理科と社会を中心に、勉強のサポートをすることにしました。四年生の理科と社会の内容は用語問題が多く、答えがひとつしかないからです。

息子のテスト直しが終わってからが私の出番です。リビングでゆっくりと時間をかけて、息子が間違えた問題を、真っ白なコピー用紙にサインペンで書き写してバインダーに綴《と》じていきます。

息子が知らない用語だけを、ひとつひとつ大きく、できるだけ簡単に。私が時間をかけて簡単にまとめたその分だけ、息子は短い時間で効率良く復習することができるはず。でもこれにはかなり時間がかかります。

私は覚悟を決めました。

今まで通りの働き方で仕事を続けていたら、中学受験の伴走はとてもこなせない。この子の中学受験が終わるまでは働き方を変えよう。

幸い、新型コロナウイルス感染症の影響で土日の仕事はなくなりました。私の仕事の何割かは電話による連絡でしたが、コロナ禍でメールのやり取りが増え、世の中が自然と仕事の効率化を図った時期でもありました。対面での打ち合わせはオンラインになって移動時間がなくなりました。あとは仕事を定時の中だけに留《とど》めて、それ以上はやらないようにする。

私はこうして働き方を一変させることにしたのです。

まずは会社の仲間に、息子の中学受験のサポートを始めたことを伝えました。上司や後輩はみんな「がんばって！」と応援してくれましたが、問題は私自身にありました。私は残業をすることが日常化して、帰宅時間が遅くなっていました。

でも私の帰りが遅くなると息子が勉強を始めず、テスト直しが少しずつ遅れていきます。新型コロナウイルス感染症で小学校も塾もなく、義母に面倒を見てもらってのんびりと過ごす息子。私が一緒にいる時間を増やせるかどうかで息子の勉強時間が大きく変わります。自分の意識を変えなければ。毎日の仕事を定時までに終わらせて、それでも自分の仕事の成果に責任を持つ。私は「それも含めて息子の中学受験だ」と考えることにしました。

今までより時間を減らした分だけミスも多くなり、落ち込むこともありましたが、それでも会社の仲間に助けてもらいながら、私は少しずつですが中学受験の伴走用に働き方を変えていきました。

その後、二か月ほどで小学四年生時のテスト直しがすべて終わりました。バインダーに綴じた手書きの紙をパラパラとめくります。リビングやお風呂、時には布団で一緒に寝そべって、問題と答えを息子に見せていきます。

息子が言いました。

「恐ろしいしつこさ。今まではママがうるさいなと思っていたけど、ここにもいたか」

最初は全部答えるのに時間がかかりましたが、何度も答えを見せていると段々と覚えてきて、慣れてくると問題を見る前に先に答えを言えるようになってきます。

トイレにもクリアファイルを四つ貼り付けて、テレビ台の下にも、苦手な漢字と国語の語句を貼りました。間違える漢字や語句はいつも同じ。だったらそれを何度も見せれば良い。

それを一か月も続けると、息子は小学四年生のテストで間違えた問題を、一通りできるようになりました。

息子は「しつこすぎる」と怒ることもありましたが、見るだけでできるこの勉強法を気に入ってくれたようです。

「やっぱり、この子には力がある」

「この力を活《い》かせるかどうかは、私たち親の考え方次第」

私と妻はそう話して、あの手この手で息子を励まし続けました。

妻がこれまでひとりでやってきた子育てに、ようやく私が参加し始めたのです。

勉強を教えない

中学受験の伴走で、親が勉強を教えるか、教えないか。

相手がまだ幼い小学生である以上、それが中学受験の伴走の大きなポイントであることは間違いありません。

結論から言えば、それは「子供の性格」によります。親が子供に勉強を教えることで、子供と良い関係を築けることもある。逆に、関係が悪くなることもある。

私は、勉強を教えない方を選びました。

親が隣で一緒に問題を解いて、教えてあげる。私は最初、それが中学受験の伴走だと思っていました。

でもそれも、小学四年生の見直しまで。中学受験の塾のカリキュラムは小学校とは別次元で、五年生の内容になると、国語の読解と算数は、私にはどうしても教え方がわかりませんでした。

私は息子と一緒に問題を解くことをあきらめました。「君はすごい。パパにできない問題を解ける」というスタンスで、中学受験に挑むことにしたのです。

息子は私に言いました。

「すごい性格。自分ができないのによく、おれに勉強しなさいって言えるね」

でも息子も私のこのスタンスを気に入ってくれました。息子は私に勉強を教えてもらうと腹が立つようで、ひとりで解く方が性格に合っているようです。

それでもたまに、理科や社会の問題で「パパ、一緒にやろう」と言ってくれる日があります。うれしい。その時だけは私も息子と一緒に、一生懸命に勉強します。

伴走のやり方は、親子それぞれに違います。なるべく子供の声を聞いて、必要ならぴったりと寄り添って。

「中学受験に、伴走する」

口にするのは簡単ですが、難しい言葉です。

灘コースへの昇格をかけて

五年生の六月のある日、久しぶりに塾のテストが実施されることになり、私たちは妻が運転する車で塾に向かいました。

新型コロナウイルス感染症で中止されていた塾の授業も再開され、それまで自宅で受けていたテストも校舎で受けられる通常の状態に戻りました。

このテストで条件を満たせば灘コースに昇格する権利がもらえるはず。でもその基準に届かなければ、五年生の夏期講習をこれまでと同じクラスで受講することになります。

あの「ものすごい問題」に取り組む夏休みにしたい。私は息子と後部座席に座り、パラパラと最後の見直しをしました。

「も〜、しつこい。わかったから。全部覚えたし」

私は車を降りていく息子を激励しました。

「いけ！　自分で未来を切り開け！」

するとと息子は、「マンガを五冊!」と言って、車を降りていきました。

「クラスが上がったら好きなマンガを五冊、買ってあげると約束した。がんばってきたから。結果が出ると良いな」

妻はそう言って、運転席から塾の入るビルを見上げました。


テストを終えて帰宅すると、息子がさっそく自己採点を始めます。

ドキドキしながら採点結果を待っていると、息子が「こりゃやばいぞ」と言いました。

「ダメかもしれん。○○○点くらい」

いつもより低いその合計点数を聞くと妻が、

「そうか。でもよくがんばったね。結果も大事だけど、私は今回のがんばりを褒《ほ》めたい」

と言って息子を抱きしめました。

そして小声で「マンガは残念」と言いました。息子は「うおお」と叫びながら、でもうれしそうにしていました。


「よくがんばったね」

私は息子にそう声をかけたものの、ひとりで車に乗って買い物に出かけました。

届かなかった。

この二か月間、私は毎朝五時に起きて、テスト直しの問題をコピー用紙にまとめて、自分にできる精一杯のサポートを心がけました。そして息子も毎日、勉強を続けました。灘コースへの昇格を目指して。

でも、届かなかった。

私は買い物をするために家を出たのではありません。伴走をしたこの数か月の努力が報《むく》われなかったショックが顔に出るとまずいと思って、外出したのです。

でも、一生懸命にがんばってきた自分の子供。私も妻と同じように、息子のここまでの努力を褒めてあげないと。私は三十分程かけて気分転換をしてから自宅に戻り、息子に元気良く言いました。

「よくがんばったね。よ～し、今日のテスト直しをやろう！」

すると息子がうれしそうに走ってきて、私の膝の上に座りました。

「ねぇねぇ、本当はさ、さみしい？　おれが灘コースに行けなくて」

「いや、よくがんばったよ。パパはそれがうれしい」

「まあね。今日のはね、無理。難しかった」

息子はそう言って、後ろにもたれかかって私に体を預けてきました。

いつの間にか大きくなったその背中をギュッと抱きしめると、これ以上ない幸せを感じます。

灘コースには行けなかった。

灘コースにいる子供たちは、これからもあの難しい問題に取り組んでいきます。でも基本問題を学ぶ普通のクラスにいたら、いつまで経《た》ってもあの問題を教えてもらうことはできず、その差はどんどん開いていきます。

息子はこれまでに習った範囲の基本問題は充分に習得しました。

それでも届かなかった。これ以上、何を勉強すれば灘コースに上がれるのかがわからない。灘コースで授業を受ければ成績が伸びるかもしれないのに、そこに参加する権利が手に入らないのです。

「灘コースにいる子供たちは元からの才能、地頭が違っていて、息子がそこに入ってもついていけずに苦しむだけかもしれない」

才能の差にショックを受けて息子の明るさがなくなってしまうくらいなら、これからも、いつもの校舎で、いつもの生活を。私はその時、「もしかしたら、これで良かったのかもしれないな」と思いました。

灘コースに合格

それから二日後の昼間に、妻から電話がかかってきました。

「塾から電話があった！　灘コースに来ますか？　だって」

今回のテストは平均点が低く、息子の得点が灘コース昇格の基準を満たしていたそうです。

妻のうれしそうな声。

「もちろん、二つ返事で了承したよ。良かったね。明日からしばらくの間は向こうの校舎で体験授業を受けられる。灘コースのある校舎。夏期講習もそのまま灘コースで受講できるって」

電話の向こうで興奮気味に話す妻。

でも私は、もっと興奮していました。

届いた。灘コースに、あの難しい問題に挑戦できる。

息子の未来が一気に広がった気がしました。

その日、私が帰宅すると息子が玄関に走ってきました。

「パパ〜！　おれ、灘コースに行けるよ！」

私は胸に飛び込んできた息子を「よいしょ〜！」と言って抱きしめて、そのままくるくると回りました。

「やったね。よくがんばった。おめでとう！」

「でもさ、すべてはおれの力。パパの指導のおかげではないけどね」

「そうか。そうだね。よくがんばったよ」

クラスが上がる条件を満たして、次の問題は遠距離通塾です。

灘コースのある校舎は、私の職場よりももっと先にあります。息子は電車を何度も乗り継いで、父親よりも遠くの街まで通うことになります。

「ひとりでは通えない。ついて来て」

でも私も妻も仕事があり、一緒に行くことはできません。

「大丈夫。何度か一緒に行って、乗り継ぎの練習をしようね」

「でも帰りは毎日、迎えに来て欲しい。おれをひとりで通わせないで。毎日、パパに迎えに来てもらって一緒に帰りたい」

私は、毎日パパに迎えに来て欲しいという息子のこの言葉を聞いて本当にうれしく思いました。息子に寄り添いたい。塾の校舎は自宅とは逆方向ですが、授業が終わるのは午後九時。私が仕事を終えてからでも時間には充分に余裕があり、電車を乗り継いで塾の最寄り駅まで迎えに行けば、そこから一時間以上かかる帰りの電車だけは息子と一緒に乗って帰ってくることができます。

しかもこの頃、始めてから数か月経った私の伴走に変化が起きていました。

週二回の塾の授業が再開されたため、私が早く帰宅しても息子が自宅にいないのです。新型コロナウイルス感染症が広がり、塾の授業が中止になってから始まった私の伴走は、平日に毎日定時で帰るために仕事のペースを切り換えた最初の頃が大変で、「もう少し出番が増えても良いかも」と思っていたところでした。

息子の言葉を聞いて、妻が言いました。

「コロナで飲み会もなくなったし、子供がここまで言っているんだから、がんばってみたら？　定期代は出してあげるから」

私は息子と約束しました。

「わかった。絶対に迎えに行く。ふたりでがんばって通おう」

息子の遠距離通塾に徹底的に寄り添ってみようと、心に決めたのです。

遠距離通塾

息子は翌日から、都会の校舎で灘コースの体験授業を受けることになりました。

初回から遅刻するわけにはいきません。午後からの半休では仕事が長引いて間に合わないといけないので、私は思い切って仕事を休みました。

息子を塾の体験授業に連れていくために休むとは言いづらく、会社には「家の都合で」とだけ伝えました。

息子も小学校を早退しました。中学受験のために早退させてもよいものかと迷いましたが、こちらも「家の都合で」と伝え、私が小学校まで迎えに行きました。会社も小学校も、中学受験のために休んだり早退したりするのはこれが初めて。ふたりで電車に乗って出発します。

「嫌だなぁ。親の気合いの入り方がウザい」

「さあ、出発だ」

電車に乗ると、ついに灘コースに挑むという実感が湧いてきます。

しかし息子はグーグーといびきをかいて、幸せそうに寝ています。かわいい寝顔。私はそっと息子の手を握って、そのまま息子に肩を寄せました。

出発から一時間以上かけて、灘コースのある校舎に到着しました。

初めてなのでふたりで先生にご挨拶をしたあと、息子は体験授業に入りました。

私は最寄り駅まで戻り、駅のベンチに座りました。

その校舎にはそれまで見たことがない、「灘コース」についての資料が置いてありました。私はその資料を細かく読んでみることにしました。

その資料を見て、初めてわかったことがたくさんあります。

小学三年生の二月に入塾して出遅れることなくスタートできたと思っていましたが、都会の校舎では、中学受験用のクラスがもっと低学年から存在していること。

灘コースは通常のクラスよりも授業が多く、夏期講習も開始時間が早いこと。

灘コースの生徒は灘中だけでなく全国の最難関校の合格を目指し、この塾の灘中への合格実績のほとんどは、灘コースの生徒によるものだということ。

そして、中学受験には、「最難関受験」という言葉があること。

なるほど、これが都会と地方の差かな、と思いました。インターネットのおかげで情報の地域格差は減ったとはいえ、普段から都会の大きな校舎に通っている子供の保護者なら、入り口でこの資料を見る機会があるはずです。

何よりも成績が上のクラスの方が、授業が多いことに驚きました。私は追試のような感覚で、下位クラスの方が授業の数が多いと思い込んでいました。

低学年の頃から授業が多い灘コースに通っているのは、一体どんな子供たちなのか。秀才たちに囲まれて、萎縮《いしゅく》してうつむいている息子を想像すると心配になってきます。

心配でどこにも行く気になれず、灘コースの資料を何度も読み返して、私は結局、最寄り駅のベンチに四時間も座っていました。


授業が終わる時間が近づいたので、私は再び塾の校舎へ戻りました。体験授業といっても灘コースの通常授業に参加しているだけなので、授業時間は他の子供たちと同じです。

塾の入り口で待っていると、息子がようやく校舎から出てきました。

「どうだった?」

私がドキドキしながら聞くと、息子はまわりの子供たちを気にしながら、小声で、

「とんでもないことになった」

と言いました。


「あんな授業を受けていたら、勉強ができるに決まっている」

息子は帰りの電車で目を輝かせて、うれしそうに言いました。

「基本問題は全部とばす。自分で責任を持って、やるべきだと思うなら家でやりなさいと。

授業でやるのは難しい問題だけ。じっくりと解説がある。しかもパパが言っていたあの問題。今日はあれしかやっていない」

そうか、いつもとばしていたあの問題を。

息子は興奮して続けました。

「自分ではできなかったけど、授業の説明を聞いたら全部わかった」

「先生がすごすぎる。めちゃくちゃ頭が良い。説明がわかりやすい」

「国語は読解問題を、一時間でたったの一問しかやらなかった。一問を徹底的に考える。次元が違う」

「今までの授業は一体、なんだったんだ」

なぜいきなり「灘」なのか

何日かの体験授業が終わると、今度は塾の先生との三者面談がありました。

先生はまず、「お子さんが最難関受験をする必要がありますか?」とおっしゃいました。

「このクラスは、灘中合格を目指すので、そういう指導になります」

中学受験が盛んな都会にある大手学習塾の場合、塾生の数が多く、その分だけクラス分けがもっと細かくなります。

でも私たちが都会だと思っているこの校舎でも、灘コースはひとつしかない。そしてそれはいきなり、灘中合格を狙うクラスになります。

先生は続けました。

「都会では低学年の頃から灘中受験を見据えた勉強をするクラスがあります。つまり受験に対する感覚、意識が全く違うのです。都会のライバルたちはこの灘コースより、もっともっと先を走っています」

そうなんだ。息子が灘コースに上がっただけで喜んでいた自分が急に情けなく思えてきました。

「この塾でさえ、他の子は三年生、四年生から灘コースに在籍しています。君は五年生の夏からのスタート。灘コースでは、テストの成績順で教室での座席が決まります。君は今の成績では最下位、席順は一番後ろです。今まで通っていたクラスでも難関校は目指せます。わざわざそんなに遠くから通って、灘中を目指す必要がありますか？」

印象的だったのは先生の視線です。先生はずっと、息子の目を見てお話をされました。

私は先生に、息子が上のステージに挑戦できることになって目を輝かせていたことをお伝えしました。

「君は本当に灘中を目指したいの？」

都会と田舎のクラス分けの違い イメージ

都会の塾	田舎の塾
難関クラス1	灘コース（1クラス）
難関クラス2	
上位クラス1	
上位クラス2	上位クラス
下位クラス1	上位・下位クラス
下位クラス2	下位クラス

「はい。挑戦したいです」

息子はそう力強く答えました。私はこの時、息子が灘中を目指すという言葉を息子の口から初めて聞きました。

「わかりました。でも約束してください。半年後の冬、五年生の一月になっても席順が変わらなかったら、その時は、たとえ在籍の基準を満たしていても元の校舎に戻ってください。それが、君のためなのです」


帰り道、元の校舎の最寄り駅を通過した時、息子が私に言いました。

「ついこの間まで、あそこに通っているだけで良かったのに。何も知らずに終わるところだった」

「うん。がんばろう。やるだけやってみようよ」

「大丈夫。上位にはかなわないけど、体験授業で何人かには追いついたはず。今は何を言われても良い。とにかくあそこで、あの先生たちの授業を受けることが大事だと思う」

そして、「遅刻したくない。休みたくない。一度でも多く、あの授業を受けたい」と言いました。

こうして体験授業が終わり、息子は灘コースで遠距離通塾を始めることになりました。

妻からのバトンタッチ

ここで、息子の中学受験は大きな節目を迎えます。遠距離通塾が始まり、私が一緒に電車に乗るようになったことで、出発時間や帰宅時間はもちろん、宿題、テスト範囲、お弁当の有無、説明会の開催日時など、スケジュール管理はすべて、私の仕事になりました。竹を割ったような性格で、すべてを私に任せてくれるようになった妻。ついに私の出番が来たのです。

寝る前には私が必ず、翌日の出発時間と宿題の範囲をコピー用紙に書いてリビングに貼ります。息子は、「そんなの見ていないよ」と言いますが、ひとつ勉強が終わるとチラチラと確認しています。わかっていてもリビングに貼ることで、家族が情報共有できることも大切です。

妻が良いことを教えてくれました。

「ひとつ大事なことを教えておく。この往復の電車の時間をいかに有効に使うか。それがこの中学受験の勝敗を分けるポイントになる」

上から目線のその言い方に若干腹が立ちましたが、言っていることに間違いはありません。

片道一時間の電車の時間。私たちはその時間を、テストで間違えた問題の見直しに使うことにしました。電車の中でやれば、毎日少しずつ続けられます。私は毎回、息子の隣に座って問題を渡せるよう、息子が間違えた問題のコピーを数枚、常に持ち歩くことにしました。

五年生の夏期講習

灘コースに通い始めておよそ一か月。七月下旬から始まった夏期講習は週に六日、午後二時から午後七時まで、ほぼ毎日授業がありました。灘コースは他のクラスよりも授業が多く、授業の前に小テストがあるため、遠くから通う息子は正午には昼食を食べ終えて出発しなければなりません。私と妻は共働きで仕事があり、義母が自宅に来て息子に昼食を食べさせて、駅まで送ってくれました。

夏期講習で使うテキストは灘コース専用で難問が多く、さらに授業では基本問題をとばしていきます。

クラスが上がったばかりの息子は自宅ですべての問題をやる必要があります。塾のある日のサポートは義母にお任せし、私は塾のない日に週に一度ずつ、思い切って仕事を休む

小学5年生・灘コース
夏期講習 通塾スケジュール

7:00	起床　朝食 テレビ・ゲーム
9:00	勉強
11:00	昼食
12:00	電車で出発
13:30	塾に到着
19:00	授業終了
20:30	電車で帰宅　食事・入浴 テレビ・ゲーム
22:00	就寝

ことにしました。そうすれば朝から自宅で息子と過ごして、宿題と授業のやり残しをサポートできるからです。

息子が自己採点を終えると、私がいつものコピー用紙に間違えた問題をまとめます。ふたりで昼食を食べて昼寝をして、休憩時間にはキャッチボールをしたり、川へカメを探しに行ったり。週に一度の有給休暇。これまで平日にほとんど休んだことがなかった私は、残りの四日で必死に働いて仕事の埋め合わせをしようとしました。いつもより一本前の電車で会社に行って、午後六時には会社を出て息子を迎えに行きます。

およそ六週間続いたこの夏の伴走は大変でしたが、新しく気付いたこともありました。それは、夏期講習の伴走では、土日の昼間にかなり余裕があることです。土日はほとんど夏期講習の授業があり、息子と一緒に昼前に電車に乗って午後一時過ぎには塾へ送るのですが、それから午後七時にお迎えに行くまで、自分の自由に時間が使えるのです。私は毎日、図書館へ通って読書を楽しんでいました。妻に報告すると、「私は家のことで忙しいのに」と言っていましたが、電話をするたびに昼寝をしていたので、妻も結構のんびりした時間を過ごしていたようです。

そしてもうひとつ。土日に行きの電車に一緒に乗っていると、息子は移動中のほとんどの時間を気持ち良さそうに寝て過ごしていました。「ああ、すっきりした」と言って塾に入っていく息子。行きの電車では、普段からこうして寝ているそうです。私は、「この子には電車で睡眠が取れる遠距離通塾が合っているのではないか」と思いました。

夜になると駅で息子を待ちます。午後七時に授業が終わった息子が私を見つけて、元気に走ってきます。最初はひとりだったその姿は息子が新しい校舎の仲間に馴染《なじ》むにつれて、次第にふたり、三人と増えてきました。

そして息子は夏期講習の間に行われるテストのたびに、クラスでの順位を上げていきました。

夏の終わり、テスト結果が出た日の帰りに、駅のホームで待っていた私の所へ息子が走ってきて言いました。

「おれ、真ん中に座るようになったよ。もう後ろの列には行かない」

息子が心から尊敬する先生と、このあと交流を深めていく最高の仲間たちと出会えたこの夏は、息子の中学受験の大きな分岐点となりました。

目指すは灘中。でも一体この先どれだけがんばればそこに届くのか、この頃の私たちにはまだ想像もつきませんでした。

灘コースでの通常授業

夏期講習が終わり、通常授業が始まりました。それまで平日は週二回だった授業も灘コースでは平日週三回に増えて、生活のリズムも変化します。塾が休みの日も塾の宿題に取り組めるように、この時点で学童保育を卒業しました。

塾のある日は妻が朝五時に起きて、息子が塾で食べる夕食用のお弁当のおかずを作って冷蔵庫に入れておきます。

息子は午後三時過ぎに小学校から帰宅。それを義母が出迎えて、妻が作っておいた夕食をお弁当箱に詰めて持たせてくれます。肩には水筒、首からキッズケータイをぶら下げて、義母に駅まで送ってもらって出発。ひとりで電車を乗り継いで塾へと向かいます。

やはりさみしいのか、息子は塾のある日は必ず、私の携帯に電話をかけてきました。

「ねぇねぇ。今、電車に乗るよ」

「ねぇねぇ。今日は座席に座れたよ」

塾の授業は午後五時から始まります。

私は息子がひとりで移動している時間帯はできるだけ携帯を手元に置いて、仕事中でも着信があるとすぐに電話に出るようにしました。

小学5年生・灘コース
平日 週3回 通塾スケジュール

6:45 起床　朝食
7:45 登校

15:00 帰宅
15:30 電車で出発
17:00 塾に到着
21:00 授業終了
22:30 電車で帰宅　食事・入浴
23:30 就寝

小学5年生・灘コース
毎週土曜日 通塾スケジュール

7:00 起床　朝食
テレビ・ゲーム
9:00 勉強
11:00 昼食
12:00 電車で出発
13:30 塾に到着
19:00 授業終了
20:30 電車で帰宅　食事・入浴
テレビ・ゲーム
22:00 就寝

「うん。がんばって。帰りは一緒に帰ろうね」

息子の声を聞くたびに早く会いたくなって、塾のお迎えが待ち遠しくなりました。

塾がない日も義母が息子を出迎えてくれ、おやつを食べさせてくれました。そこからはお留守番の時間。録画したテレビアニメを見ながら塾の宿題をしたり、ウトウトしたり。

学校の宿題は朝食の後に、これもテレビを見ながらやります。

「テレビを見ながら勉強するか、テレビを見ずに勉強をしないか、どっちが良い？」

すごい二択を提案してくる小学生。なかなかの大物です。

息子との約束で、朝の登校前は塾の宿題をやらないことにしました。朝やるのは学校の宿題だけ。あとはゆっくりテレビを見て過ごしたいそうです。

志望校と入試のスケジュール

通常授業に入ったある日。帰りの電車で息子が私の隣に座って、一枚のプリントを見せてきました。それは一学年上の小学六年生に配布された最難関受験の入試カレンダーで、灘コースの生徒が受ける受験校の併願パターンが書いてありました。

「先生が来年の参考にするために配ってくれた」

なるほど、息子もこのまま灘コースで入試を迎えれば先輩と同じようなスケジュールで受験することになります。でも、そうすると息子はこの中のどこかに進学することになる。表には私の知らない学校名も並んでいました。

「ついでに、志望校の順番も考えておくようにと言っていた」

まだ先のことだと思っていましたが、この秋には塾の三者面談があり、その時に志望校を提出するそうです。

入試カレンダーを見ると、六年生の十二月から入試が始まって、一月は関西と関東、二月は関東の中学校の名前が書いてあります。

「関西と関東で受験の時期が違うの？」

入試スケジュールが一か月以上にわたって記載されていますが、中でも一月中旬と二月上旬に関西と関東の入試日程が密集していて、しかも平日に入試が入っています。親はみんな仕事を休んで付き添いをするのでしょうか。

息子が言いました。

「まずは灘中。これは一月の土日にある。灘コースの男子はみんな受験するはず。他にも学校はあるけど、同じ日に入試があると受けられない」

体はひとつしかないので、二校を同時に受けることはできません。灘中入試は一月中旬の土曜日と日曜日に一日目、二日目の入試があり、同じ日に甲陽学院や大阪星光学院などネットで見覚えのある難関校の名前もありますが、灘中を受験すればこれらの学校は受けられないことになります。

息子が説明を続けました。

「灘中は二日間。次の日は東大寺学園《とうだいじがくえん》にして。ここも塾のみんなは受けるらしい。土日月で、灘中と東大寺」

息子の言う通り、灘中入試の翌日には「東大寺学園」と記載があります。私は息子に言いました。

「待って。中学受験の志望校って、もっと色々と調べて決めるんじゃないの？　通うのが大変かもしれないし、学校がどこにあるかも知らないのに簡単には決められない」

「でも受験まで灘コースにいれば、そこを受けたい。みんなと同じように受けたいから、ホテルを取っておいて欲しい」

「入試に行くのに泊まるの？」

「みんなも泊まりで行くって。仕事、休める？」

驚きました。まわりの友達の影響で、息子はいつの間にか中学受験の入試について、かなり詳しくなっています。

「仕事はなんとかする。でも全部落ちたらどうするんだろう」

「一週前に書いてある。そこで先に合格を取ってから、灘中に勝負する」

灘中の一週前には、西大和学園《にしやまとがくえん》、函館《はこだて》ラ・サール、北嶺《ほくれい》、愛光《あいこう》と書いてあります。

「こんなにたくさん受けるのか。すごいな」

「灘コースは平均で七つとか八つとか受けるらしい。あと、最初に十二月の海陽《かいよう》も受けたい」

海陽のことは知っています。愛知県にある全寮制の海陽中等教育学校《ちゅうとうきょういくがっこう》。その特別給費生、特給《とっきゅう》入試は全国屈指の難関です。食費や入寮費は別途必要ですが、合格すれば年間およそ二百五十万円、六年間でなんと約千五百万円の学納金が免除となります。

でも合格したら、息子が家から出てしまいます。こんな幼い子が寮生活をするなんて、私たち親の方が耐えられないかもしれません。

「最後は東京の開成。二月に書いてある」

カレンダーにはたしかに開成の名前もあります。

灘コースには保護者の仕事の都合で引っ越しを検討している子たちがいて、その子たちは開成・麻布《あざぶ》・武蔵《むさし》の男子御三家や、桜蔭《おういん》・女子学院《じょしがくいん》・雙葉《ふたば》の女子御三家など、関東の最難関への合格を目指しているそうです。

「おれも開成は受けたい。東京にも泊まる」

あの開成に泊まりで試験を受けに行く。それがどれだけ無謀なことかはわかりませんが、挑戦しようというだけですごい。それだけでも灘コースに入ったかいがあります。

「良いよ。受けたいところを好きなだけ、全部受けよう。ママとふたりで一生懸命に働くから。そのために働いていているんだから」

お金がかかるので妻に説明する必要はありますが、でもせっかく勉強するのに、その成果を発揮する舞台がなければもったいない。

すると息子は私に、はっきりと言いました。

「おれは灘中を受ける。もう決めた。他の学校は変更しても、灘中は絶対に受ける。先生が言うには六年生の夏に灘中模試があって、そこで合格と不合格が出るらしい。まずはそこで合格する」

ドキドキしてきました。

今から一年後、六年生の夏に受ける灘中模試。入試の半年前に一度本気になれば本番までに余裕が生まれるかもしれません。

「わかった。灘中は受けよう。パパも決めた」

私はそう言って、電車の中で息子を抱きしめました。

帰宅して、灘中受験を決めたことを妻に伝えました。

「もちろん。挑戦することが大事。よく決めたね」

でも、全国の難関校を受けることについては、即答できません。

「アンタがしっかり調べて。進学できるのはひとつだけなんだから」

妻の言う通りです。とにかく学校を一校ずつしっかりと調べて、入試の併願スケジュールを検討する必要があります。

でもまだ、時間はある。

私はその日、コピー用紙に大きな字を書いてリビングに掲示しました。

「受験は八月。灘中模試」

この日から息子は本気で灘中を目指すことになりました。

計算力の強化

五年生の九月から、家庭学習の中心は算数の復習になりました。

ここから二月までの半年間は算数の各単元が特に難しく、さらに灘コースに入って算数はそれまでとはレベルが違う難問に取り組むようになったので、勉強に時間がかかります。

それをなんとか終わらせると今度は、理科と社会、国語に取りかかります。

私の役目はやはり、理科と社会、国語の漢字と語句のサポートが中心。息子がなるべく時間をかけずに覚えられるように、テストで間違えた問題をコピー用紙に大きく書き出して、勉強以外の時間に見られるようにします。

そして夏を越えて、うれしい出来事が。単元の制限がない公開模試になると、息子の成績が上がるようになってきたのです。テストで間違えて復習した問題が何度も出てくるようになったからです。

それでも覚えることが多すぎて、テストのたびに、できない問題が出てきます。私はそれを「新しい問題が見つかった！」とガッツポーズをして褒めるようにしました。

「ああ、父親がうっとうしいな～」

「テストで間違えた分だけ完璧に近づく。最高です」

この頃、テストの前半に出てくる単純な計算問題をミスで取りこぼすことがありました。計算力を鍛《きた》える良い方法はないか。ふと、実際の入試問題を使ってみようと思い立ちました。

インターネットで難関中学の入試過去問を調べてみると、計算問題は序盤の数問だけ。そこで、ネットで見ることができる全国の「難関中学」過去問の計算問題を全部、コピー用紙に書き出してみました。一枚に一問だけ。表面にサインペンで問題と学校名、入試年度を大きく書きました。裏面には鉛筆で、表から見てわからないくらいに薄く解答を書いておきます。

それをリビングの机の上に山積みにしました。小学校へ行く前、食事の前、テレビCMの時間、寝る前など、息子が気が向いた時にいつでも挑戦できるように。

一問だけの計算問題。でもその一問が、難関中学の合否を分けた入試問題なら意気込みが違います。

朝はラ・サール、お風呂上がりには桜蔭、そして寝る前に早稲田《わせだ》を。

気分が乗ってくればテレビを見るのも忘れて次々と進めていき、正解すると、今日は慶《けい》應《おう》の問題ができた！　と大喜びです。

できた問題はその場でゴミ箱に捨て、二回目に正解したらそれもゴミ箱へ。三回以上間違えた問題のコピー用紙だけを捨てずに残して、塾からの帰りの電車に問題を持ち込んで何度も繰り返しました。

ある時、帰りの電車でボックス席に座ると、私たちの目の前に年配の女性が座っていました。その女性は私が息子に渡したコピー用紙に書かれた「慶應」の文字を見て大きく口を開けて驚き、さらに息子が「できた」と言うと小学生が慶應大学の入試問題を解いたと思ったのか本当に驚いて、のけぞったことがありました。

小学六年生になる前に、全国の難関中学の入試に出た計算問題をやり切ったことは、息子にとって大きな自信になりました。でも、灘コースの算数は計算力だけでは歯が立ちません。算数で一度ハマると時間がかかり、塾の授業がない平日の二日間だけではどうしても、塾の宿題が理科と社会にたどり着けなくなってきました。結果、空いた日曜日にがんばって、なんとか帳尻《ちょうじり》を合わせます。祝日があると本当に助かり、数時間余分に勉強することで宿題をこなしていました。

それでも算数の勉強が終わらなくなって五年生の冬期講習に入り、限界を感じていた頃にちょうど、お正月休みを迎えました。わずか数日のお休みでしたが、息子にとっては絶好のチャンス。そのお正月は自宅からほとんど出ずに、ふたりで算数の難問をやりました。私は隣に座っているだけです。

「パパは隣に座って。でも一言もしゃべらずに。しゃべる権利なし」

息子の隣で鉛筆を削ったり、消しゴムのカバーを切ったり、読書をしたり。幸せな時間です。

「これをやってから、六年生になろう」

ふたりでそれを合言葉にがんばって、息子はこの五年生のお正月に、やり残していた算数の難問をすべて終わらせました。

いよいよ受験生

小学五年生の二月、塾のカリキュラムが六年生に切り替わり、息子はついに中学受験の受験生になりました。

隔週土曜日の授業が毎週になり、これまで休みだった日曜日にも授業が入ってきて、信じられないことにほとんどの週末にテストが行われます。

毎週土日に、塾に行かない日がない。しかも算数が難しくなり、塾がない平日の二日間だけでは宿題が終わらず、土日も塾から帰宅したあとに三十分でも時間を作って勉強しないと間に合わなくなりました。

灘コースは通常のクラスよりも授業数が多いため、私たち親子はそれから一年間、毎週土曜日は午前九時、毎週日曜日は午前七時に最寄り駅を出発して塾に向かうことになりました。

時には特別テストや特別授業があり、土曜日も朝九時よりもっと早く、午前七時発の電車に乗り、平日も休みがなく一週間連続で塾に行くことも。

中学受験が終わるまでの一年半で、私と息子は平日の帰り道で約二百五十回、土日の往復で約三百回、合わせて約五百五十回以上、電車に乗ることになりました。

小学6年生・灘コース
平日 週3回 通塾スケジュール

6:45 起床　朝食
7:45 登校

15:00 帰宅
15:30 電車で出発
17:00 塾に到着
21:00 授業終了
22:30 電車で帰宅　食事・入浴
23:30 就寝

小学6年生・灘コース
土曜日 通塾スケジュール

7:00 起床　朝食
テレビ・ゲーム
9:30 電車で出発
11:00 塾に到着

19:00 授業終了
20:30 電車で帰宅
食事・入浴
テレビ・ゲーム
22:00 就寝

小学6年生・灘コース
日曜日 通塾スケジュール

6:00 起床　朝食
7:00 電車で出発
8:30 塾に到着
テスト・授業

19:00 授業終了
20:30 電車で帰宅
食事・入浴
テレビ・ゲーム
22:00 就寝

いつも私たちふたりを運んでくれた列車。休日の早朝には明るい日差しを浴びて、帰りには真っ暗な田舎を走ります。

炎天下の中、冷房の効いた車内で勉強した夏。

悪天候で電車が止まり、ふたりで座席に座って運転再開を待ち続けた夜。

寝ることが大好きな息子は、私の体にもたれて眠りました。かわいい寝顔からそっと眼鏡をはずして、抱きしめて。

幸せを感じさせてくれたその列車は終盤、受験の不安に押しつぶされそうな私たち親子を乗せて走る、つらくて苦しい列車となります。

「合格が欲しい。どこでも良い。おれも合格したい」

それはまるで、息子の未来に向かって走る、折り返しのない片道列車のようでした。

第二章

灘中を目指すということ

小学五年生　三月

電車の中で勉強を

最近はますます電車の中の勉強を大切にするようになりました。

ふたりで並んで座席に座ると、まず最初に理科と社会の基本問題を一日一ページ。これはいつも間違える問題だけを空欄にしてあり、先に答えを見てから挑戦します。次に国語の漢字と語句。これも先に答えを見ます。

どちらも数分で終わりますが、国語は六年生になって漢字が難しくなり、灘中対策で覚える語句も増えてきました。先に答えを見てから挑戦することで気楽に続けています。そして最後に算数をやります。算数は数分で終わる日もあれば、十五分、三十分と考え続ける日もあります。

これを遠距離通塾を始めた五年生の夏から続けて、約八か月になります。息子がテストで間違えた問題を見直す大切な時間。

勉強を終えるとふたりで世間話をします。学校のこと、塾の先生のこと、友達のこと。

電車の中で息子はいつも色々なことを話してくれます。

灘中の算数

一日一日と日が経つことに焦りを覚えるようになり、もしかしたら灘中を目指す子供が必ずやっている勉強法があるのではなどと考えてしまったりします。

まわりに相談できる人もいないので心配になり、何か情報はないかと思って、ある時仕事帰りに書店に行くと、魅力的な問題集を見つけました。

『灘中の算数20年』

これだ。灘中の過去問から算数だけを集めた、お宝のような本です。

私はその本を持って、レジへと向かいました。すると店員さんが本のタイトルを確認して、チラリと私の顔を見た気がしました。

(いや、もちろんまだ灘中には届きません。でも買わないと何も始まらないので。買わせてください)

私は勇気を出して購入し、店を出ました。この本を買っただけで息子は灘中に一歩近づけたはずです。

その日の塾の帰りの電車で、その本を息子に見せました。

「ジャ〜ン！　パパからのプレゼントです。どう？　これが灘中の過去問」

すると息子は即答で、

「あのね、まだ過去問はやっちゃダメなの。先生に怒られるよ」

出ました。中学受験あるある、「過去問は早くやってはいけない」の登場です。

過去問は早くやってはいけない

息子は超がつくほどの頑固者。自分が納得しない勉強は絶対にやりません。でもそれは、「自分の意見を持てる」という長所でもあります。

私はその日、電車で隣に座る息子に、自分の考えを丁寧に話しました。

中学受験において、過去問は早くやってはいけないと言われる理由は、二つあります。ひとつは、まだレベルが足りないのに過去問に挑戦しても、その結果にショックを受けて本人がやる気をなくしてしまうからです。たしかにその可能性はあります。中学受験に挑む大半の受験生は、過去問は実力をしっかりと身につけた六年生の秋以降に取り組むのが正解です。

でも息子は灘中を目指しています。熟すのを待っていては間に合わない。過去問がわからないといって落ち込んでいるひまはないのです。

もうひとつの理由は、過去問が初見ではなくなり、本番直前に自分の力が測れなくなるから、というものです。これも受験校を決めるために重要なこと。でも灘コースの年間予定表を見ると、灘中の対策テストは山ほどあって、自分の力はいくらでも測れます。

秋になって初めて過去問を見ているような受験生が、一学年でわずか百八十人しか入学できない灘中に合格できるのだろうか。「初見ではなくなる」どころか、「過去問を全部覚えているくらい」でないと灘中のレベルには届かないのではないか。ごく一部、全国でも数十人しかいないような天才は別として。

「下から逆転を狙うなら、過去問を一日でも早く始めた方が良い」

と言うと息子はしばらく考えて、先生に怒られないかなぁ、と言いながら、「じゃあ、一日に一問なら良いよ」と言いました。

「そうだよ。帰りの電車で一日一問。年度に関係なく、自分が解けそうな問題を選んで一問ずつやっていこう。わからなくても良い。こんな問題が出るんだ、と見るだけで良いよ」

こうして三月に入ってから、塾の帰りの電車でいつもの間違い直しの一問に加えて、

『灘中の算数』に挑戦し始めました。

当然、今の息子の力では太刀打《たちう》ちできない問題が並んでいます。息子は解き方がわからないと、「これは反則。こんなのできるわけがない」と言って怒りました。

「よっしゃ、それで良いよ」

それでも私はこう声をかけます。今はまだ、こんな問題が出たということを知るだけでも充分です。

『灘中の算数』が終わると私は息子に自分のスマホを渡します。

「おつかれさま。どうぞゲームをやって良いよ」

そして息子ができなかった問題の横に私が鉛筆で小さく、「三月〇〇日。反則。やらんで良し」と記入します。

ただやって終わりではなく、その問題に、この時点での息子の感想を書いておく。息子のプライドを傷つけないように、できるだけ短く。こうしておけば、いつか本当に過去問に取り組む時、自分の成長を感じることができるかもしれない。

そしてやっぱり、灘中の過去問の中には、今の息子でも解ける問題がいくつかあります。

「できた！」

「すごい！　やった」

私はその問題の隣に鉛筆で、「できた！　もうやらんで良し！」と書いてガッツポーズをします。

「大げさだなぁ。おれが喜ぶと思って」

でも息子はうれしそう。

ふたりで過ごせる幸せな時間です。

筆箱を見れば、その子がわかる

私は毎日、息子の筆箱の中身を確認しています。

息子の心が乱れている時は、筆箱の中も、いつもとはどこか違います。

「筆箱を見れば、その子の様子がわかる」

昔、私の母が教えてくれました。

自分がいざ親になってみると、たしかに色々なことがわかります。たとえば鉛筆の減り方で、その日にやってきた勉強量がわかります。

「今日もがんばったね」

鉛筆をきれいに削って、筆箱の中を整えて。

「毎日、君のことを見ているよ」という気持ちが、子供に伝わります。

小学六年生　四月

生徒会に立候補

息子は中学受験の世界ではすでに二月から受験生になっていますが、四月になったので学校でも六年生になりました。そして新たな問題が浮上しました。

四月中旬のある日、息子が塾の帰りの電車で私に言いました。

「今日、学校で生徒会に立候補してきた」

突然そう言われたので私は驚いてしまって、

「え〜っ、生徒会に……いや、立派だね！　素晴らしい！」

と、なんとか笑顔でそう言いました。

しかし中学受験と学校の生徒会活動を両立できるのでしょうか。心配ですが、本人の意思を尊重してあげたい。

パパはいつでも、にっこりと。

朝型への切り替えに失敗

四月某日

今朝は深夜三時に起床して、算数、理科、社会の丸付けを敢行しました。「今やれることをやろう」と一念発起したのです。三十分かけて丸付けを終えて、そのあと二時間かけて社会で間違えた問題をコピー用紙になるべく大きくわかりやすく、手書きでまとめました。すべてを終えると、すでに午前五時半。でもこれで息子はサッと見直すだけで自分の弱点を復習できます。

前日寝る前に、息子に「明日は三時に起きて丸付けをするよ」と言うと、息子が「おれも起こして。朝型にしたい」と言いました。約束した午前五時半を過ぎていたので、息子を起こしてみました。

でもウトウトを繰り返し、首はずっとカックンカックン。呼吸のリズムがスーッ、スーッと寝息のリズムに変わります。しかも首カックンで顔面を勉強机にぶつけそうになっていて、私が常に顔を支えてあげないといけません。

朝型への挑戦は失敗。寝るのが大好きな息子には、早起きしての勉強は無理でした。

駅のベンチで集中モード

息子がテストでできなかった問題のコピーを、常に持ち歩いています。

ある時、車内で取り組んだ算数の一問は、灘コースのテストでできなかった難しい問題でした。息子はその問題をずっと考えていましたが、ついに最寄り駅に到着するまで解くことができませんでした。そして問題のコピーを持ったまま電車を降りて、改札へは向かわずに駅のベンチに座りました。灘コースの遠距離通塾を始めてから何度か、ここに座って算数の問題を考え続けることがあるのです。

こういう時、息子は決して答えを見ようとはしません。

ベンチに座ったまま、じっと考え続けます。私は息子の邪魔をしないように、いつものように椅子をひとつ空けて座りました。

「途中に、◯◯って数字が出てきてる？」

息子がそう言うので答えを見ると、たしかに計算途中にその数字が出てきています。

「あるよ！　そこまでは合ってる。がんばれ」

しばらくすると息子が、「よし、わかった」と、答えを言いました。

「正解！　すごい！」

ふたりで立ち上がり、改札に向かいます。

「よくがんばったね」

うれしくて、何度も何度も褒めました。

小学六年生　五月

立ち食いうどん

五月某日

今日は日曜日。朝の五時三十分に、妻がお弁当を作る音で目が覚めました。息子は六時に起床。朝食を食べてから、ふたりで塾へ出発しました。明るい日差しが心地よく、素晴らしい天気です。

塾の最寄り駅に到着すると、立ち食いうどんへ向かいました。

「行っとくか」

「いつもの半分こじゃなくて、一杯ずつ食べたい」

私たちは常連なので、店員のおばさんが取り分け用の器を出してくれました。でも今日はひとり一杯ずつ注文します。

「珍しいね。すぐに二つ作るからね」

小学生と父親が頻繁に食べに行くので質問され、「塾の付き添いです」と答えて以来、おばさんはいつも息子に、がんばるんだよ、と声をかけてくれます。
息子はお腹《なか》が一杯になってうれしそうでした。ゴールデンウイークに勉強をがんばったご褒美です。良かったね。妻には内緒です。

学校説明会

五月某日

今日は初めて私立中学の学校説明会に行ってきました。灘中ではなく、受験の可能性がある他の学校です。理想を追いかけつつ、現実路線も。息子は塾の授業があったので、私がひとりで参加しました。

その学校説明会は意外と長く、約二時間もありました。最後に、「秋には入試説明会を開催します」と案内が。なるほど。学校について紹介する春の学校説明会とは別に、出願方法や入試についての詳細がわかる秋の入試説明会があるそうです。秋も参加しないといけません。

息子といつもの帰りの電車に乗って、その学校のパンフレットを見せながら学校説明会で聞いてきたことを伝えました。でも息子はなんだか他人事《ひとごと》です。

「受験はするよ。でも、その学校に行きたいかどうかはわからない」

やはり灘中に行きたい。

息子の気持ちはわかります。

でも併願校の受験も必要です。私がアンテナを張って、息子が受けそうな学校の情報を広く入手しておく必要があります。

中学受験はゲームとの戦い

息子はゲームが大好きです。ゲーム機はもちろん、時間があればすぐに、私か妻のスマホを使ってゲームを始めます。小学三年生で入塾してからもしばらく、ゲームにかける時間は変わりませんでした。その頃はまだ宿題をこなすのにも割と余裕があったからです。

私が「ゲームと中学受験の両立は無理だ」と感じたのは、五年生の夏期講習が終わった秋でした。社会で「日本の歴史」が始まったのです。古代から現代までのすべてを、九月から一月までの五か月で終わらせる、超ハイスピードの戦い。

私の伴走、「テスト直しの資料作り」で一番大変だったのもあの秋でした。息子がテストで間違えた日本史の用語をコピー用紙に書き出してまとめるだけで日が暮れます。

「無理だ。ゲームをやっていたら、終わらない」

私はそう言いましたが、息子はそれでも勉強の合間に、寸暇《すんか》を惜《お》しんでゲームを続けました。

六年生を迎えるにあたり、私は息子と約束しました。

「ゲームをやめよう。ゲームを続けていたら、勉強ができない」

すると妻が、良いことを言ってくれました。

「まずはゲーム機を禁止しよう。せめてスマホゲームだけにしてみたら？」

息子は今でも毎日、私のスマホでゲームを続けています。でもゲーム機でのゲームだけはなんとか我慢できるようになってきました。

電車の中で算数の間違い直しが終わると、両手を前に出して、飼い主からの「お手」を待つワンちゃんのように「ハァ、ハァ。クゥ～ン、クゥ～ン」と言って、私をみつめます。なんというかわいさ。そして私がスマホを取り出すと、「へへ。も～らいっと」と言って、あっという間にスマホを奪い取ってゲームを始めます。

職場で仕事をしていても、どこかで息子の声が聞こえる気がします。

「スマホを、スマホを貸してくれ～！」

中学受験はゲームとの戦い。心を鬼にして、ゲーム機だけは禁止です。

小学六年生　六月

親子ゲンカで大騒ぎ

もう六月です。なんとなく、今頃はもう受験生モードに突入していると思っていました。でもそれはどうやら幻想だったようで、息子にそんな気配は全くありません。

昨晩は妻と私が大声で怒鳴り、ご近所の方々にご迷惑をおかけしました。塾から帰宅したあと、勉強をやる、やらないで、親子ゲンカに発展して大騒ぎ。

暑い、ホコリで鼻水が出る、かゆい、トイレ、私のスネ毛が気持ち悪いなど、あれやこれやとやらない理由を見つけて、勉強しようとしませんでした。

世の中に、穏やかに中学受験を終えるご家庭はあるのでしょうか。

「もう怒った！　塾をやめろ！」

妻は昨晩、そう絶叫しましたが、今朝になって冷蔵庫を見てみると、息子のお弁当が中にちゃんと用意してありました。早起きして作ってくれたのです。ママありがとう。

帰りの駅でトラブルに

遠距離通塾の付き添い。毎日塾の最寄り駅までお迎えに行っていると伝えると、「もう六年生だし、自宅近くの駅で待てば良いのでは？」と言われることがあります。でも私は、必ず息子と一緒に電車に乗って帰ることにしています。

一度だけ、どうしても仕事が入って、一緒に帰れなかったことがありました。たった一度だけ。

「パパ。今どこ？」

「ごめんね。まだ終わらなくて。今日は一緒に帰れない」

電話で私がそう言うと、息子は驚いて無言になり、「わかった」と言いました。

そしてその日に、帰りの駅でトラブルに巻き込まれたのです。

いつものように友達と電車に乗って、みんなが電車を降りたあと、ひとりになった息子。到着した自宅の最寄り駅で知らない男性からしつこく「寒いから車に乗らないか」と声をかけられたそうです。

「おれをひとりで通わせないで。毎日、パパに迎えに来てもらって一緒に帰りたい」

私が「絶対に迎えに行く」と約束して始まった、息子の遠距離通塾。息子は電車に乗っている時間が長く、普通の通塾とは違います。一番大事なのは何か。もう後悔はしたくない。以来、私は必ず、何があっても絶対に、息子と一緒に電車で帰ることにしています。

塾の友達

電車の中で勉強を始めるのは、塾の友達が下車してからです。

息子を塾に迎えに行くと、たくさんの友達が一緒に改札に向かって走ってきます。そこには灘コースの子もいれば、他のクラスの子もいます。

先日、子供たちと電車に乗っていると、ひとりの男の子が仲間の輪から離れて私の隣に座りました。その子は灘コースに在籍しています。

「おつかれさま。どうした？」

「テストの点が悪くてクラスが落ちるかもしれない。お母さんが怖いから帰りたくない」

彼はそう言って、ため息をつきました。

「いつも、まだこれからだって言ってくれるよね。まだこれからだよ」

彼はいつも電車を降りる駅に到着しても、立ち上がろうとしませんでした。

「降りたくない」

あとひと駅だけ。彼はそう言って、私たち親子と一緒に次の駅まで電車に乗り続けました。そして大きくひとつ、ため息をついて、

「よし。帰ります。ありがとうございました」

そう言って立ち上がり、折り返しの電車へ走っていきました。

まだ小学六年生。中学受験はやっぱり高校受験や大学受験とは違います。

重くて苦しいです。

社会という科目

息子は灘中と開成を両方受験します。開成入試は、社会を含む四科目です。でも灘中は、国算理の三科目。灘中入試には社会がありません。

第一志望が灘中である息子は、「社会」の取り組み方次第で勉強スタイルが大きく変わります。

六年生になってからは、社会を勉強する時間が取れなくなりました。勉強以外の時間に少しでも社会の見直しができるように、息子がこれまでに社会のテストで間違えた問題を

コピー用紙にまとめて、リビングに貼っています。さらに苦手な問題は、トイレの壁にも貼っておきます。どうしても記憶できない言葉があれば、食事のテーブルに貼ることも。それでも時間が経つと忘れてしまうので、また復習が必要です。とにかくしつこく、何度でも。段々と家の中が中学受験一色になってきました。

リビングの壁紙を大きな日本地図にできないかな、と思ってしまう今日この頃です。

灘校文化祭

六月某日

今日は灘中学・灘高校の文化祭。午前中は塾を休ませて、息子とふたりで灘中に向かいました。午後からは塾の授業に行くため、滞在時間は午前九時から十一時まで、わずか二時間です。

息子に塾の友達も来るのかと聞くと、「みんなは前に来たらしい」と答えました。だから今日は塾の授業に行っていると。みんながすでに済ませたことを息子は受験生になってから、わざわざ授業を休んでやっている。改めて最難関受験に出遅れていたことを実感しました。でも実際に校舎の前に立つと、やっぱりうれしい。私たちが灘中の校舎に入るのは初めてで、しかも本物の灘校生が一杯いるのです。

「すごい。全部灘校生だ」

私がそう言うと息子が、

「あんまりはしゃいで大きな声を出さないで」

と怒りました。

大勢の灘校生の中には中学一年生かと思われるかわいらしい男の子もいます。

私たちは校内を隅々まで見てまわりましたが、途中で一番行きたかった一年生の教室を見つけました。私が息子を促して教室の中に入り、

「ちょっと写真を撮らせて。そこに座ってみてよ」

と言うと、

「え〜、恥ずかしいからやめて」

と言いながら息子が灘中の木製で趣《おもむき》のある古い机と椅子に座りました。私はパシャッと一枚、記念撮影をしました。来年の春、ここに座れたらいいな。そう思いながらも、あまりプレッシャーになってはいけないと、今日は息子が受験生であることをなるべく忘れて過ごすように心がけました。

私は囲碁《いご》部に立ち寄り、高校生に一局打ってもらいました。灘高校の囲碁部は全国屈指の強豪校です。もちろん完敗でしたが、あの灘校生と囲碁を打てただけでも満足です。

学校を出て住吉《すみよし》駅に向かう途中で、息子が言いました。

「期待しないで。灘中は無理。天才しか受からない」

「いいよ。こういう世界があることを知っただけでも。面白かったね」

文化祭からの帰りの電車で、灘中入試の配点について話し合いました。国語が八〇点と一二〇点、算数が一〇〇点と一〇〇点、理科が一〇〇点で、合計五〇〇点満点。

灘中入試は、中学受験には珍しい二日制です。一日目が国算理、二日目が国算。算数の難しさはもちろん、国語の語句や読解問題も強烈で、私にはどうすれば小学生があれを解けるようになるのかがわかりません。理科は一日目のみで二日目はありませんが、その過去問を初めて見た時は驚きました。まるで宇宙飛行士の選抜試験。人類の叡智《えいち》。小学生があれを解けるなんて恰好《かっこう》良すぎます。

電車に揺られながら、ふたりで色々な得点パターンを考えます。でもやはり点数が足りません。

「ダメだ。どうしても足りない」

合格するにはやはり、あの難問揃《ぞろ》いの算数で、他の受験生に負けない得点が必要です。公開模試の偏差値だけ見ればなかなかのもの。でも灘中の算数は解けない。今まで通りの勉強を続けていて、解けるようになるのだろうか。

「塾の先生は何か言っていないの？」

「大丈夫。先生の言う通りにしていれば間に合うみたい」

心配で仕方がありませんが、今私にできることは、テストでできなかった問題をコピーして、帰りの電車で一問ずつ息子に渡すこと。結局、それしかない。寝る前に、ようやくそこにたどり着いて布団に入り、大丈夫、大丈夫、と言いながら息子を抱きしめて就寝しました。

関西受験のホテル予約

灘中を含む関西受験、勝負の四連泊で宿泊するホテルを探しています。

灘中入試前日の金曜日から、土曜日、月曜日の三泊を予約して、真ん中の日曜日だけは奈良県内のホテルを予約しました。この日は灘中の翌日、月曜日に実施される関西屈指の難関校、東大寺学園受験の前泊となります。

中学受験では試験当日の朝、塾ごとに志望校近くの校舎に集まって出陣式を行うことがあります。その集合時間はかなり早く、また悪天候や事故などで交通機関が止まることも考えられます。そのため前泊する受験者も多く、会場周辺のホテルはかなり早めに予約し

関西受験のスケジュール

2022年	入試	宿泊先	
1月14日（金）		1泊目	三宮
1月15日（土）	灘中 入試（1日目）	2泊目	三宮
1月16日（日）	灘中 入試（2日目）	3泊目	奈良県内ホテル
1月17日（月）	東大寺学園 入試	4泊目	三宮
1月18日（火）	灘中 合格発表		

ておかないと一杯になってしまうことがあるそうです。

私の情報源はネットのみ。「灘中」で検索して、前泊の注意事項について調べてみました。灘中受験者は毎年たったの数百人、その中で前泊についての情報を発信している保護者の数はかなり限られています。それでも見つけた情報によると、部屋の予約はもちろん、ホテルによっては電気スタンドの貸し出しも数に限りがあり、とにかく早めに予約しておいた方が良いとのこと。タクシーの予約も必要で、駅から離れたホテルでは、中学受験に出発する親子が予約したタクシーが玄関口にずらりと並ぶそうです。

妻とも相談した結果、我が家の灘中受験は三宮《さんのみや》周辺にあるビジネスホテルを拠点にすることに決めました。

ホテルのホームページには半年前から予約可能と書いてあり、無事にトリプルの素泊まりを予約することができました。ツインではなく、トリプル。妻も一緒に参加できるように。家族みんなで挑戦します。

三泊目の奈良県内のホテルは、ビジネスホテルをツインで予約しました。

妻は月曜日に仕事があるので、灘中受験が終わる日曜日に自宅に戻り、日曜日の夜からは私と息子、ふたりでの受験旅行になります。私は金曜日から水曜日まで、土日を除いても四日間、仕事を休みます。すでに有給休暇を申請済みで、そのことを職場の仲間にも伝えてあります。みんなは「トコトンやるつもりですね」と笑いながら、でも応援してくれています。

息子が不安そうに言いました。

「この日はラーメンに行けるかな。ママがいる間はなんだかんだで、ラーメンはダメとか言いそう」

大丈夫。妻には言いませんが、ホテルのすぐ近くに、ラーメン店と、たこ焼きのお店が両方揃っています。

「内緒。目の前に、ラーメン店とたこ焼きのお店があるのでこのホテルにしたよ」

私がそう言うと、息子が、

「半分こじゃなくて、一人前食べたい。いい？」と言いました。

ふたりだけの秘密です。

電車の中で抱きしめて

六月某日

今朝、朝食のあとに理科の間違い直しをやって欲しいな、と思って、テレビを見ていた息子にテキストを渡したら、「ワッ！」と大きな声を出して怒ってしまいました。

朝は学校の宿題だけで、塾の勉強はなし。それが親子で話し合って決めた約束なのに。計算練習は朝やった方が良いという話をよく聞きますが、息子には朝の勉強は合わない。学校の宿題を終えてから登校までのわずかな時間が、息子にとっては大事なリラックスタイムなのです。本番まであと百九十九日。残り二百日を切って、私が焦ってしまいました。

夕方、今朝のことを謝ろうと思って塾の授業が始まる前の息子の携帯に電話したら「うん、うん」と、ちょっと元気がありませんでした。

「もう朝に無理やり勉強やれとは言わないから。今朝はごめんね」

「うん、わかった」

そして塾のお迎えに行くと、駅の改札へみんなで元気良く走ってきました。

「今朝はごめんね」

ともう一度言うと、唇に手を当てて、しーっ、と。

友達が電車を降りてふたりきりになってから、電車で隣に座る息子を何度も抱きしめました。

「ごめんね。がんばってるのに」

「いいよ」

頭をくっつけて、思い切り抱きしめて。

この電車がずっと走り続けてくれたら良いのに。そう思えるくらい、幸せな時間でした。

第三章

灘中は難しすぎる

小学六年生　七月

夏期講習

七月某日

塾の夏期講習が始まります。

中学受験の天王山、六年生の夏期講習です。

「待ってました！　夏期講習！」

「別に。普段の講習と同じじらしい」

でも息子が持ち帰ってきた時間割りを見て、私は驚きました。

七月下旬からずっと休みなし。昼過ぎから夜まで連日、怒濤《どとう》の授業です。

「今日から勉強は自分でやるから、黙っていて」

息子によると、夏期講習からは自分で勉強内容を決めないといけないそうです。でも小学生が自分で計画通り進めるのは至難の業《わざ》。果たして、授業の復習や宿題をこなせるかどうか。

小学6年生・灘コース
夏期講習 スケジュール

7:00 起床　朝食
テレビ・ゲーム
9:00 勉強
11:00 昼食
12:00 電車で出発
13:30 塾に到着

20:00 授業終了
21:30 電車で帰宅　食事・入浴
テレビ・ゲーム
22:30 就寝

今日は朝食後にリビングで、ぐぅぐぅといびきをかいていました。本当はたぶん、出発前に一〜二時間は勉強しないと宿題を全部こなせません。とにかく量が多い。

でも灘コースの生徒は「何をやるか」を本人に任されているそうで、膨大にある基本問題の復習は息子には必要ない気がします。この夏はその見極めがポイントになるかもしれません。

家庭学習が進まない

七月某日

どうやら今日は「何を言ってもダメな日」のようです。

暑い、かゆいと服を脱いで、すっぽんぽんになってしまい、なかなか勉強に集中しません。息子は本当に暑がりで基本はパンツにTシャツ、最後は全裸です。夏になれば、憧れの本気モードに入ると思っていました。でも、この暑さではなかなか勉強に集中できません。

夏期講習テキストをチェックしてみましたが、家庭学習が全く進んでいませんでした。暑さ、思春期、勉強の自立など、理由はたくさんあります。でも一番大事なこの夏に、家庭学習をほとんどやらなくなってしまったのは気になります。

「全然できていない。やばいよ」

「やめて。小学生が夏休みなのに毎日塾で授業を受けて、家でも勉強できるわけない。私の大事な子供をそんな目に遭わせられない」

妻はそう言って息子を抱きしめました。

「ママ、ありがとう」

「ううん、いいもんね。がんばってるもんね」

普段は鬼ババと言っているのに。

「今日はママも一緒に行ってあげるからね」

そう。今日はとある私立中学の学校説明会があるので、妻も一緒に出発するのです。

嫌な予感。実は最近、妻には内緒で、息子にコーラを買っています。

乗り換え駅のホームに着いて、いつもの自販機の前で息子が言いました。

「あ〜あ、今日はコーラなしか」

「コーラ？　まさか！　こら、アンタか！」

にやりと笑う息子。もう、なんで言うかな。

私と妻は、息子を夏期講習に送ってから、学校説明会に向かいます。

妻は息子に「帰りも待っているよ」と約束しましたが、そのあと用事ができたので、学校説明会が終わると予定を変更して先に帰宅することになりました。

私ひとりで塾のお迎えに行くと、息子が改札へ走ってきました。妻と一緒に帰れると思って、塾の勉強をがんばってきて、それなのに妻がいないので怒ってしまいました。

「約束したのに。もういい」

息子は怒って、私とは別の車両に座りました。まだ母親が恋しい小学生です。

帰宅すると、妻が息子を抱きしめました。

「迎えに行けなくてごめんね。まだ間に合う！　今日は外でおいしいものを食べよう！」

そして車に乗って、みんなで食事に行きました。たくさん食べて、ふたりでお風呂に入って、私とも仲直りしてくれました。このあと、かわいい息子を抱きしめて就寝です。

灘中をあきらめない

七月某日

電車の中で、塾の友達が「お父さん、隣に座っても良いですか？」と言って、近づいてきました。

灘コースから下のクラスに落ちたからお母さんに怒られる、とうつむいていた、あの子です。

「僕はまだ灘をあきらめません。灘中は、僕が塾でどのクラスにいるのかなんて知らない。まだこれからです」

「そうだよ。まだこれからだよ！」

彼が降りる駅に到着しました。彼は立ち上がって少しモジモジしたあと、

「お父さん、一緒にがんばりましょう。また明日」

と言って、電車を降りていきました。

がんばれ。

息子も灘中をあきらめません。まだこれからです。

なぜ宿題をやらないの？

七月某日

帰りの駅で、数人の友達と宿題の進み具合が話題になりました。

私は聞かないふりをしていますが、耳はダンボになっています。

宿題が全く進んでいないのはやっぱり息子だけのようです。息子の話を聞いて、みんなが「エーッ!?」と驚きの声を上げました。そうです。良いリアクションをありがとう。私は心の中で叫びました。言って！　もっと言って！

ひとりの友達が息子に言ってくれました。

「なぜ宿題をやらないの？　おれたちは灘コース。勉強をやりたくないのなら下のクラスに戻れば良い」

私が横からその子に、「言ってくれてありがとう」と言うと、その子は、「いいえ、前回のテストは僕が負けています。来週は勝ちます」と言いました。

息子は帰宅すると机に向かい、自分で勉強を始めました。あれだけ嫌がっていた塾の宿題を。その友達は、私たちが宿題のことでケンカしていたことを知りません。でも息子に言ってくれたその一言でそれを解決してくれました。

立方体の切り方で口論に

息子には、一番のライバルがいます。

塾の友達、A君。

初めて灘コースの体験授業に行った日のこと。塾から出てきた息子が小声で「あの子も灘コース」と言いました。そうだろうな、と思いました。まだ五年生なのに大人顔負けのオーラがあり、間違いなく灘中に受かる、という雰囲気のある子です。

ある日の帰り道、A君は電車の中で息子に、

「夏の小テスト、あの点数ではダメ。なんで勉強しないの？　ちゃんとやろうよ」

と言ってくれました。

私は隣でかたずを呑《の》んで見守っていました。

「あんなの、やらなくても良い。○○君も言っていた」

「○○君は良いよ。できているから。でもお前はできていない。なんでやらないの？」

息子は最近、夏期講習の帰宅後にずっとスマホゲームをやっています。グゥの音も出ません。

そして、そのあと、算数の口論が始まったのです。

「さっきのあの立方体の切断って、おかしくない？」

「なんで？　違うだろ」

息子とA君の討論は徐々に激しくなってきました。

「そんなことない！　その方が早い！」

夏休みの午後十時に、小学生がする会話とは思えません。

立方体の切断の仕方について激しく言い合っているのです。

すると、ふたりともお互いにかばんからテキストを取り出して、その問題を一心不乱に考え始めました。なんと立派な小学生。

A君が降りる駅が近づいてきました。ふたりは手を止めようとせず、お互いに一言もしゃべらずに解き続けています。

私は思いました。

この素晴らしい時間が、一秒でも長く続いてくれたら。

電車が駅に到着しました。するとA君はテキストをサッとかばんに片付けて立ち上がり、息子に「じゃあ、バイバイ」と言ったあと、「おやすみなさい」と私に一礼して、電車を降りていきました。

再び電車が発車しました。息子はまだ夢中で問題を解いています。

私はうれしくて、息子に言いました。

「ねぇ、A君がいてくれて、良かったね」

まさに切磋琢磨《せっさたくま》。このレベルの算数で言い合える友達には、なかなか出会うことができません。他のみんなもお互いに遠く離れた小学校に通っています。灘コースだから出会えた、特別なライバル。

ありがとう。みんなの存在に感謝します。

小学六年生　八月

ガッカリの夏

八月某日

朝から大声を出してしまいました。

自分でやりたいからと言われて本人に任せていた夏期講習のテキストは、ただ授業を受けていただけで復習せず。この一週間、息子は夏休みの家庭学習をほとんどやっていませんでした。

去年、五年生の夏のテストで成績を上げていったのは、それだけ勉強をやっていたからです。

今年は自分でやりたいと強く希望したので本人に任せていました。でも今朝、久しぶりに確認しようとしたら「やばいやばい」と言って、テキストを持って逃げようとしました。追いかけて捕まえると、ほとんど手付かずのまま。七月下旬から八月初旬まで、授業の復習も宿題もやらずにいたのです。燃える夏にしたいどころか、ガッカリの夏。

私に続いて妻も早朝から雄叫《おたけ》びを上げ、息子をリビングに座らせて夏期講習テキストの宿題をやらせました。

「一番勉強するはずの夏に！　なぜやらない！」

出勤のために自宅を出ると、外は雨。雨音が私たちの雄叫びをかき消してくれたことを祈ります。

スクランブル出動

八月某日

今日の昼間、息子から「電車が停《と》まって動かない」と電話がありました。

「せっかくここまで来たのに。小テストに間に合わない」

ちょうど昼食の時間だったので、会社の仲間に「ちょっと息子を助けに行ってくる。戻るのに時間がかかるかも」と伝えて職場を飛び出し、タクシーに乗って息子のいる駅まで迎えに行きました。

改札から走ってきた息子と合流し、また別のタクシーに乗り込んで、塾に向かいます。

「小テストを最初から受けたいな」

息子はそう言いながらも、どこかうれしそうです。夏休み中もずっと塾に通って、よくがんばっています。私はタクシーの中で息子の手を握りました。

「運転手さん、ドアを開けてください、この子が先に降りますから」

停車と同時にタクシーのドアを開けてもらうと、息子が、「大丈夫。五分遅れなら、間に合う」と言いました。

そして車を降りながら、「一〇〇点取ってくる！」と言って、塾へと走っていきました。

思わぬ出費。一気にお札の枚数が減った財布を手に、私は電車に乗って職場へと向かいました。

職場に戻ると仲間たちに「お父さん、おかえりなさい」と冷やかされました。私はみんなにお礼を言って、休憩時間が長くなった分だけ定時よりも余分に会社に残って仕事をしました。五年生の時と同じように、週二回ずつ早めに帰宅しないといけない通常スケジュールよりも、毎日夜まで授業があってのんびりと迎えに行ける夏期講習の方が仕事との両立はしやすくて助かります。

夜になり、いつものように駅で待っていると、「よいしょ!!」という声と共に、背中にドーンと衝撃が。振り返ると息子がうれしそうな顔で立っていました。私を見つけてタックルしてきたのです。

「一〇〇点だったよ！」
なんと幸せな衝撃。仕事の疲れが吹っ飛びました。

帰りの電車では隣の席に座って、塾の先生や友達とのエピソードをたくさん話してくれました。昼間に私が助けに行ったことが、うれしかったのだと思います。

就寝時、寝室の布団にふたりでゴロンと転がると、息子が私の手を握ってきました。私もその手を握り返します。

ぎゅっ、ぎゅっ、と二回握ると、息子も、ぎゅっ、ぎゅっ、と二回握り返してくれました。息子が幼い頃、ふたりで寝る前に布団の中でやっていた合図です。

スクランブル出動もあり、中学受験のサポートは大変です。でもこんな夜があるのならうれしい。忘れられない一日になりました。

リセットボタン

夏が終わります。今日は塾の帰りにふたりで書店へ行き、灘中と東大寺学園の過去問集を買ってきました。

塾からもついに号令がかかり、いよいよ過去問を使った勉強が始まります。新品の過去問集を手にとると、何かグッとくるものがあります。最近は勉強時間が減ってきたので、これでやる気を出してくれれば良いのですが。

気がかりなのは、夏休みの授業で間違えた問題の復習ができていないことです。妻に相談してみると、算数は別として、国語、理科、社会はリセットボタンを押すのもアリだな、と。なるほど。ここは思い切って、夏期講習のやり残しは捨てる。そう考えた途端に、気分が晴れやかになってきました。

最難関を目指している以上、できればすべての科目を完璧にこなしたかった。でも全部終わらせようとすると、ズルズルとペースが乱れたまま夏の失敗を秋以降に引きずってしまいます。

それなら算数以外はもうあきらめて、やめる。そして過去問の勉強を気持ち良くスタートする。これでいきます。

妻がコンビニに行って、夏期講習でできなかった算数の問題をコピーしてきてくれました。算数はリセットするわけにはいきません。これを帰りの電車で毎日やることにします。

この夏期講習は息子の思春期、自立の時期と重なりました。

まもなく後期授業が始まります。

「中学受験を自分事《じぶんごと》にできるかどうか」

息子が自立に挑戦する秋です。

真夏の灘中模試

私たち親子は「受験は八月」という言葉を合言葉にしてきました。夏を本番と見据えて一度「やり切る」ことで、本番を「二度目の入試」にできるからです。

灘コースの生徒は、六年生の八月に、合格判定が出る灘中模試に参加します。昼から夜まで続く夏期講習。思うように家庭学習が進まず、息子は勉強の手応えがないまま夏の灘中模試に向かうことになりました。

試験当日、私は息子とふたりで始発の電車に乗って、遠く離れた試験会場に向かいました。一体どんな秀才がいるのだろうと思いながら会場の前に立ち、ふと車の気配を感じて振り返ると、大きな車が迫っていました。

私は思わず「わっ」と声を上げてのけぞりました。するとその後ろにも高級そうな輸入車が次々と停まってドアが開き、中から神童が降りてくるのです。まるでドラマの世界。

私は息子に言いました。

「格が違うな。車で来なくて正解だ」

我が家の庶民的な自家用車では到底、太刀打ちできません。

灘中模試は本番と同じスケジュールで、一日目は国算理、二日目は国算の試験が行われます。

「いつも通りに。がんばって」

「わかった、行ってくる」

息子はいつもより少し緊張した表情で会場に入っていきました。


この夏、たくさん気になること、心配なことがあったのですが、私が一番気になったのは塾の宿題で算数の基本問題に取り組んでいたことです。息子はそのほとんどを正解し、「できることを確認していた」だけでした。

その宿題は灘コース生には強制されておらず、やるかどうかは本人次第。それならすでにできる基本問題ではなく、夏休みの授業で間違えた問題をやるべきではと私は思っていました。でも結局、息子は夏休み中、家庭学習の時間を算数の基本問題に費やしました。

解ける問題を解いていた方が楽しいからです。

「全くの無駄ではないだろうし。やらないよりはマシか」

私が自分にそう言い聞かせることで、息子は一日、また一日と、すでにできる基本問題だけを進めていったのです。

息子が模試を受けている間、私は会場近くを散歩して歩きました。

もっと強く反対して、もっともっとあきらめずに説明して、灘中対策に特化させるべきだった。今頃、息子は苦しんでいるのではないだろうか。後悔と不安で胸が苦しくなりました。


試験が終わり、息子が会場から出てきました。

「ダメだった。算数が難しすぎる。でも国語と理科はまあまあできたと思う」

会場から見覚えのある友達が出てきました。その子が、

「僕は昨日から本番と同じホテルに泊まっているので、このままホテルに戻ります」

と言ったので私も息子も、えっ、と驚いてしまいました。

「しまった」

私もすでに、年明けの関西受験の宿泊ホテルは予約しています。でもまさか八月のこの灘中模試で、本番と同じホテルに宿泊して予行演習をする子がいるとは思いませんでした。

少しさみしげな息子の顔。私が歩きながら、「ごめんね。泊まれば良かったね」と言うと、息子は、「いいよ、帰ろう」と笑って、駅に向かって歩き始めました。

勉強面以外でも、もっとサポートできることはないか気をつけないと。大げさだな、と

思われるかもしれませんが、でも中学受験は「親の準備合戦」。本番までに子供に何を、どうやって経験させるか。

ホテルに泊まらなくても灘中模試は受けられます。でも本番では結局、連泊することになります。それなら今、経験させるべきでした。

後悔しながら帰宅すると妻が、「そうか、模試で宿泊か。でもそんなもったいないことはできないけど」と言いました。

「まあ、楽しみは本番までとっておこうよ」

さすがはママです。沈んでいた私の心が少し軽くなりました。

その夜、ふたりでお風呂に入って布団に転がると、息子が私に言いました。

「算数、できなかった」

「うん。でも良い経験をしたね」

「明日、かなり点を取らないと受からない」

初めて経験する不安な夜。これが二日制入試の怖さです。

「でも大事なのは、一月にこれと同じ夜があるということ。二日制入試の初日の夜を、この夏に経験できたのがありがたいね。良い経験になるよ」

私がそう言うと、息子が暗闇の中でつぶやきました。

「今日の算数、みんなできたのかな……」

本番では、もっと不安な夜を過ごすことになります。

「明日も楽しもう」

私は自分を奮《ふる》い立たせて、息子をギュッと抱き寄せて就寝しました。

翌朝も始発の電車に乗って出発しました。ふたりで大爆睡して、目覚めたらもう会場近くの駅に到着していました。

「よく寝たな。さあ、がんばって」

「帰りは、たこ焼きが食べたいな」

良かった。電車の中でたっぷりと睡眠を取って元気一杯。気持ち良く気分転換できたようです。

私は今日も、会場近くで散歩して待機。二日目は国語と算数の二科目しかないので、テスト自体はあっという間に終わります。そして即日採点されて、夕方には合否が発表されます。

散歩から戻り、保護者控え室に入ると、目に入るのは灘中模試を受ける子供たちの親。やはり賢そうに見えます。部屋の中にはたくさんの人がいるのに静まりかえっていました。みんなドキドキしながら合格発表を待っているのです。

すると、歓声が聞こえてきました。どうやら子供たちに合否が発表されたようです。その歓声を聞いて、私も心臓がドキドキしてきました。

子供の合格発表って、こんなに緊張するんだ……。

先生が保護者控え室に入ってこられました。

「皆さん、おつかれさまでした。先ほど、子供たちには合否を伝えました。これからここに来ますので、保護者の方と一緒に、これからのことを少しご説明します。しばらくお待ちください」

シ～ンとしたその部屋に、子供たちが入ってきました。塾の仲間と一緒に入ってきた息子と目が合って、その表情を見て、私にはわかりました。

落ちたな。

ほんの一瞬だけ、私と目を合わせた息子。

「合格した子は、この調子でますます勉強に励んでください」

「今回、残念ながら合格できなかった子は、自分に足りないのはどこなのかを、もう一度よく見直して、五か月後の本番に向けてがんばってください」

先生はそういうお話をされたと思います。でも私はもう、「息子に、どんな言葉をかけようか」、それを考えるだけで頭が一杯でした。

落ちた。

私たちは会場を出て、無言で歩き始めました。
一言も発しない息子。
私から声をかけなければいけません。
でも頭の中が真っ白で、言葉が出てこないのです。
どれだけ考えても、どうしても、言葉が出てこないのです。

どうしよう。

落ちた。

交差点の信号が赤になり、私たちは立ち止まりました。

「元々、無理なんや」

息子が口を開きました。

「無理なんや。灘中なんて」

「うん、よくがんばったね」

息子の言葉を聞いて、私はやっと、その一言を絞り出すことができました。

会話が切り出せなくて、ごめんね。

いつも一緒にいて、気持ちは全部わかっているつもりなのに。ごめんね。

信号が青に変わり、ふたりで歩き始め、私は息子に言いました。

「でもさ、このテストを受けることができただけでも最高。こんな経験できないよ」

私は精一杯の笑顔で、そう言いました。

息子はその言葉を聞いて少しホッとしたのか、ふっと力を抜いて、「ああ、お腹すいた！」と言いました。

「よし！　たこ焼きを食べに行こう！」

私たちは電車に乗って、ふたりで熱々のたこ焼きを食べに行きました。

私は帰りの電車で考え続けました。息子は隣の席で眠っています。うっすらと、ぼんやりと、まだ先のことだと思っていた入試。でもこの冬、間違いなく入試は来る。

私は心に誓いました。

絶対にあきらめない。

これから本番まで、灘中合格に挑む息子を全力でサポートする。そしてそれでも、ダメだった時には。

「その時は、今度こそ絶対に、自分から息子に声をかける」

本番まで残り五か月。この「不合格」は私たち親子にとって、とても貴重な経験になりました。

小学六年生　九月

入試説明会の申し込み

九月某日

今日は大事な日。午前九時から灘中の入試説明会の申し込みがスタートしました。どうしても、絶対に参加したい。そういう思いでスマホ画面を連打して、無事に予約できました。息子は塾があるので欠席するため、今回は私がひとりで行ってきます。

そしてホッとしたのもつかの間、直後の午前十時から、今度は東大寺学園の入試説明会の申し込みが始まりました。こちらも無事に希望日で予約が取れました。東大寺学園にはまだ行ったことがないので、息子を現地に連れていきます。

息子は今日が始業式でした。

「今日は塾に行くまでにかなり時間があるから。学校から帰ったら、国語と理科と社会の宿題をやっておいてね。わかった?」

朝、登校前に私がそう言うと、ソファに寝そべった息子が、「あのね、おれさ、グー、グォーッ」と、話しながら寝てしまいました。だいぶお疲れのようです。

息子を起こして登校させて、ふと見るとリビングになぜかランドセルが残っていました。夏休みの間、ずっと塾の夏期講習に通い続けた息子。いつもの習慣で塾のかばんを持って小学校に出かけてしまったのです。慌てて走って追いかけて、ランドセルと交換しました。受け取ったその塾のかばんの重いこと。いつもこんなに重い荷物を持って。夏の間、本当によくがんばりました。

過去問の使い方

九月某日

夏休みが終わって、過去問を使った勉強が始まりました。今日は学校がお休みだったので、愛媛県にある難関校、愛光の過去問に挑戦しました。

どの学校の過去問にするかは、息子が自分で選びます。受験する可能性がある学校ならどこでも良く、塾の先生から学校や年代の指定はないようです。私はエクセルで学校名、年度、科目の一覧を作って印刷し、そこに息子が取り組んだ日付を書き込むことにしました。

こうしておけばどれをやったのかがすぐにわかります。

息子は「過去問は集中してやりたい」と言って、二階の勉強部屋で勉強を始めました。いつもはリビングでテレビをつけたまま勉強していますが、過去問はさすがにテレビアニメを見ながらではできません。これまでほとんど使ったことのない息子の部屋。小学校に入学する時に義父母に買ってもらった学習机が活躍する時が来ました。私は一階のリビングにいましたが、つい気になって様子をうかがおうと、階段の下に何度も行ってしまいます。

愛光の過去問を一気に終わらせてから塾へ行って、さらに塾から帰ったあとは、ラ・サールの過去問、算数を始めました。本番と同じように時間を計って、飲み物もトイレ休憩もなし。でも勉強部屋からはフンフン♪と鼻歌が聞こえてきました。過去問の勉強は楽しいようです。

過去問を使って勉強する際のポイントは、その学校の傾向をつかむこと。だから自己採点をして、合格最低点を取れるところまで見直して、あとはわからなくてもそのまま捨てる。これまでの「一〇〇点を目指す勉強」ではなく、「その学校に合格するための勉強」に切り替える必要があります。

わからなくても捨てるというその感覚に馴染めず、私はつい全部の問題を見直して欲しくなってしまいます。でもそれをやると、合格へは遠回りになるので我慢しないといけません。親の私も頭の切り替えが必要です。

自己採点が終わると、どの問題ができれば合格最低点を取れたのかを息子に聞いて、私がそこに印をつけておきます。それをコンビニでコピーして、帰りの電車でその問題をもう一度。合格に必要なその一問を復習できるので効率良く勉強できます。

そのラ・サールの算数に見覚えのある問題がありました。先週、塾の帰りに電車で取り組んだ夏期講習の間違い直し、まさにその図形問題です。息子も解きながら気が付いたそうです。

こういうことがあると、うれしくなります。

「良いね。同じ問題が出てきた。必死にやってきたから、これからはこういうのが増えてくるよ」

「先生が言っていた。勉強だけを必死にやり続けることができる小学生なんて、全国でも二十人か三十人しかいないらしい」

「そんなにいるのか。よし、じゃあその二十人に入ろうよ」

私がそう言うと、息子がちょっと耳を貸して、と言って近づいてきて、ワッと怒鳴りました。耳がキーン、と。

ごめん。勉強に手応えが出てきたことがうれしくて、ちょっと調子に乗りすぎてしまいました。

運任せの点は要らない

九月某日

九月に入ってから、勉強への姿勢に変化が見られます。「今日は勉強ができたね」という日が少しずつ増えてきました。

先日の模試でのこと。国語の解答欄を見ると、最後の方が空欄になっていました。答えをア〜エの中から選ぶ選択問題です。

「もったいない。ア、ア、と書いておけば当たるかもしれないのに」

「なぜおれがそこに答えを書かないかわかる?」

「えっ、なんで?」

「テストの時間配分を失敗したけれど、それが実力。最後に問題も読まずに適当に記号を書いてたまたま当たっても、それは本当の実力ではない」

「まあ、たしかに」

「おれは自分の力を知るためにテストを受けている。そんな運任せの点は要らない。もちろん入試本番では必ず空欄は埋める」

なんと。感心してしまいました。

「あとさ、一緒にいる時に、あまり早く答えを言わないで。勉強を終わらせるためにやるのではなく、理解するためにやりたい」

金言です。勉強を自分のためにやり始めています。

灘中は難しすぎる

日曜日の午前七時過ぎ、朝から電車で塾へ向かいました。息子がなかなか出かける準備をしないので口論になって、ドタバタと。なんとなく気まずくて、電車でも息子と離れて座りました。

やっぱり、さみしいな……。

駅に到着すると、息子が「立ち食いうどんに行きたい」と。ふたりで駅のホームにあるいつものお店に入りました。

「よし、仲直りね」

「おダシが濃くておいしい。昨日とは湯切りの仕方が違うね」

そう。実は私たちは昨日の帰りもこの店で立ち食いうどんを食べて、帰宅後は何事もなかったかのように晩ごはんを食べています。妻にばれなくて良かった。


うどんを食べながら、息子が私に聞いてきました。

「おれ、灘中に受かると思う?」

「もちろん、受かると思っているよ」

「でも、灘中は難しすぎる」

そして息子は、およそ受験生なら誰もが言いそうな言葉を続けました。

「順位が変わるのは夏まで。みんなが勉強するからもう順位は変わらない」

私の胸が切なくなりました。

「パパはね、絶対に受かると信じている。だってまだ、本気でやっていない」

「本当に、おれが灘中に受かると思っている?」

「思っているよ。中身の濃い、良い勉強をしている。今が一番、伸びているよ。受かる。やれば絶対に受かる」

私はそう答えながら、にっこりと笑って、隣でうどんを食べている息子の背中をさすってあげました。

息子は、ふ～んと言って、それ以上、何も言いませんでした。

帰りの電車では、夏期講習のテストで間違えた算数のやり直しを一問。なかなか正解にたどり着けず、そのまま駅に着いてしまいました。

息子は改札に向かわずに、そのままベンチへ向かいました。久しぶりの集中モードです。私はひとつ席を空けて座ります。

納得がいかない時だけ、改札に向かわずに勉強を続けるこの時間。できるまであきらめない、良い集中力です。

それにしても今日はかなり苦戦しています。

「そろそろ答えを見てみる？」

私がついそう話しかけてしまうと、息子が怒りました。

「考え方は正しいはず。なぜ答えが合わないのか。その『何か』を見つけたいから話しかけないで」

そしてまた考え込んで、動かなくなりました。

しばらくすると、よし、わかった！　と見事に正解。

「すごい、よくがんばったね！」

息子がプリントを私に渡して改札へ走り出しました。無事に『何か』を見つけたようです。

もう勉強やらん

九月某日

塾から帰宅したあとで延々とスマホゲームを続けているなと思っていたら、妻の「やりなさい」と息子の「やらない」の言葉の応酬が始まりました。

「あっそう。じゃあ、おれもう勉強やらん！」

怒鳴り声と共に、息子が寝室に飛び込んできました。

「おいおい、また怒られるよ」

「知らん。もうやらん」

「こら、下りてこい！　やることはやりなさい！」

ご近所に響く怒鳴り声。これぞ中学受験の子育て家族です。

三人で叫びながら一階と二階を何度も行ったり来たり、電気をつけたり消したり、ドタバタでさらに三十分。気持ちも目の前も真っ暗の中、最後は息子が私の体の上に仰向《あおむ》けになって横たわりました。

今日は結局、帰宅後の勉強はできず。息子の体重を感じながら、下からギュッと抱きしめて就寝です。

関東受験のホテル予約

九月某日

来年の手帳を購入してきました。その手帳の二〇二二年一月三十一日（月）から二月三日（木）までの四日間に「関東受験」と書き込みました。

そうだ、ホテルの予約をしなければ。

息子の関東受験の三連戦は開成中学から始まります。二日目、三日目の受験校は未定ですが、まずは宿泊先を確保しないといけません。スマホアプリでキャンセル無料のホテルを押さえてみました。備えあれば憂いなしです。

「開成のホテルを予約したよ」

「おれ、おいしいラーメンが食べたいな」

「私は待っている間に、上野《うえの》動物園に行けると良いな」

もちろん、わかっていますよ。ラーメンも上野動物園も視野に入れてホテルを予約してあります。そして、私の好きなもんじゃ焼きも。

そこで助けてはいけない

九月某日

今朝、息子が小学校に遅刻しました。

登校前にソファで爆睡してしまい、私が気付いた時にはすでに十分ほどの遅刻でした。息子は「なぜ起こしてくれなかった！」と猛烈に怒りましたが、寝てしまったのは本人の責任です。息子は「学校まで車で送って欲しい」と言いましたが、

「自分で登校して、先生に謝ってきなさい！」

と厳しく言って、玄関から送り出しました。

数年前、息子が眼鏡を忘れて登校したので、私が小学校に眼鏡を届けたことがありました。当時、知り合いにそのことを話すと「それは絶対にダメ、忘れたのは本人だからそこで助けてはいけない」と言われました。今ならわかります。自己責任です。親が眼鏡を届けていては、息子のためにならないのです。

先日、間違えて塾のかばんを持って出かけた時も、本当は私が追いかけてはいけないの

です。

今日も塾のお迎えに行って、友達が電車を降りてふたりきりになってから、なぜ学校まで車で送っていかなかったのか、ゆっくりと息子に説明しました。

自分で責任を取ること。そこには、これから挑む中学受験への向き合い方に通ずるものがあるはず。あと三か月経てば、入試の結果を自分の責任で受け止めることになるのですから。

小学六年生　十月

パパのことが好きだ

十月某日

隠してあったゲーム機を息子が見つけてしまいました。再びどこかに隠そうとする私を息子が組み止めて、そこから相撲大会になりました。

「頼む。おれはパパのことが好きだ。尊敬している！」

息子と格闘して、なんとかゲーム機を取り上げて、押し入れの奥に隠しました。

私がリビングに戻って、「え～っと、パパのことが好きなの？」と聞くと、息子がソファに寝転んだまま、「好きなわけがないだろ、このダメおやじ！」と言いました。ダメおやじとは心外。でも愛嬌《あいきょう》のある、かわいい子です。

出願用の写真撮影

十月某日

願書に使う証明写真の撮影を、写真店に予約しました。撮影は受験の三か月以内。教室にカメラマンが来て撮影してくれる塾もありますが、我が家は撮影日にこだわります。妻が「撮影するならお日柄の良い大安の日にして」と言うので、ご指示通りに予約しました。どうせやるなら徹底的に。私も賛成です。

アンタが信じてあげないと

十月某日

息子が灘中の過去問、一日目の国算理を終えました。残念ながら合格点には届かず。特に算数はこの時期になっても点数がなかなか伸びてきません。この時期、子供にどういう声がけをすれば良いのか。

プリントを整理していたら、夏の灘中模試の結果が出てきました。

受け入れ難い結果。不安でたまらなくなり、妻に相談してみました。

「これで本当に合格に届くのかな」

「これだけは言っておく。アンタが信じてあげないと、合格しないよ」

こらこら。上から目線なその言い方。

「おい、アンタもな」

と言い返しておきました。

開成の国語

十月某日

今日は気分転換に開成の過去問に挑戦してみることにしました。開成の問題は男子御三家と呼ばれる開成・麻布・武蔵の中でも、比較的オーソドックスだという記事をネットで見たことがあります。

息子に自己採点の結果を聞いてみました。

「どうだった？」

「あれはやばいな」

やっぱり。さすがは開成です。

私たち親子には、思い出に残る過去問があります。あれは小学五年生の春。インターネットで開成の過去問を調べてみました。その頃はまだ、灘中の存在を意識しておらず、中学受験といえば東京というイメージがあり、私が真っ先に思いついたのが開成でした。他の科目はともかく、国語ならなんとかなるのではないか。そう思って開成の国語を印刷し、ふたりで挑戦してみることにしたのです。

「お父さんの読解力を見せてあげよう」

そんな恰好良いことを言って始めてみたのですが、難しい。解答を書き始めることができないのです。それでもなんとか適当に空欄を埋めてみましたが、正解を見てもよくわからないので採点ができません。息子は早々にギブアップ。私が唸《うな》っている間にどこかへ行ってしまいました。

最近、息子が「あの時の開成の解答用紙って残ってないかな?」と聞いてきました。

「あれね、パパの解答はたぶん、全部バツだと思うよ。開成の国語はポイントを押さえていないと点がもらえないから」

ガックシ。やはり国語の読解は私が教えてもプラスにならないことがよくわかりました。

灘中の入試説明会

十月某日

今日は灘中の入試説明会。息子は塾の授業があったので、私ひとりで参加してきました。事前予約制で会場は満員です。出願方法をしっかりと確認して、大満足で帰路に就きました。

いつものように塾のお迎えに行くと、子供たちが元気に走ってきました。すると、ある友達が、

「さっきお父さんのことを灘中で見ましたよ」

と言いました。今朝は早起きだったので、あくびをしていたのを見られていないか心配です。

帰りの電車で、今日の入試説明会の内容について息子に説明しました。

「でもさ、このままだと灘には受からない。さすがに無理。絶対に受かる天才がいて、その下に受かるかどうかわからない奴《やつ》らがいて、おれはその下。あいつらみんな普通じゃない」

私が、うん、うん、と聞いていると、息子は「それでも受けたい」と言いました。

よく言えたね。

受からなかった時のことを話すのなら、今かな。

「今は灘中を目指して一生懸命、戦うこと。それでも負けることはある。みんなも必死なんだから。そしたら今度は、他の場所で戦えば良い」

人生は長い。中学受験ですべてが決まるわけではないのです。

そして、私は息子に言いました。

「一生懸命やって、それでもダメなら、こっちから灘中をお断りします！」

息子は「アホだ。本当は悔しいくせに～」と言って、笑いました。


私の言葉で気合いが入ったのか、今日は過去に間違えた灘中の問題を十問、電車の中で一気にやり直しました。

「はい。できなかった問題には、できん、と書いておいた」

たしかに、かわいい字で「できん」と書いてあります。

でも以前はできなかった問題が、八問もできるようになっています。

「よく成長しているね。そして今日できなかったこの二問は、お宝だね」

「はいはい。あなたは勉強の素人だし」

「いや、勉強は素人でも、パパは君の専門家ですから」

息子は、うわーっ、気持ちが悪い！　と言いながら、電車の中でうれしそうに体当たりして、寝る時には手をつないできました。

大きく育て。大きく、大きく、真っすぐに。

東大寺学園の入試説明会

十月某日
東大寺学園の入試説明会の日がやってきました。
息子が移動中に勉強できるように、夏休み以降に間違えた算数の小テストの問題をすべてコピーしてきました。旅を楽しみつつ、道中で小テストの間違い直しを終わらせるという、素晴らしいアイデアです。行きの電車で一気に半分終わらせて、そこからは私のスマホでドラクエです。
東大寺学園の最寄り駅である高《たか》の原《はら》駅で降りました。小学六年生の男の子が大勢、保護者と一緒に並んでバスを待っています。

「すごいな、これは」

ものすごい行列です。我が家も人のことは言えませんが、世の中がこんなにも中学受験一色になっているとは。

バスに乗り込むと、息子が私にスマホを放り投げてパチパチと目配せをしてきました。車内を見ると、さすがは東大寺学園を受験しようという子供たち。みんな活字の書物を読んでいます。

入試説明会の会場で昨年の入試問題が配られたので、息子はその場で時間を計りながら過去問を解き始めました。受験校の校舎で、その学校の過去問に取り組むという、素晴らしい経験ができました。

説明会が終わって校舎の外に出てみると、臨時バスが何台も連なっています。そして、そこに並ぶ親子の、長蛇の列。

「これが中学受験か」

一月の入試でライバルになる小学六年生たち。みんな自信がありそうに見えて、急に不安になってきました。息子も良い刺激を受けたらしく、帰りの電車に乗るとすぐに算数を始めました。

今日一日で、夏休み以降に小テストで間違えた問題のテスト直しをすべて終わらせました。これでもう本番まで、算数の基本問題を振り返ることはありません。あとはひたすら「灘中の算数」です。

鹿児島ラ・サール

十月某日

帰りの電車の中で、塾の友達が「明日は塾を休みます。朝一番の飛行機で鹿児島へ行って、お父さんと一緒にラ・サールの説明会に参加します」と言いました。その子は灘中も受験しますが、ラ・サールへの進学を希望しています。わざわざ飛行機に乗って入試説明会に行く親子。本気度が伝わってきます。

課金ボタン

十月某日

昨日、息子の冬期講習の金額を見て驚きました。十一月から一月末で、学習塾への支払いの合計はおよそ三十万円になります。

もうここまできたら課金ボタンを連打するしかありません。なんだか料金が高いと逆に「親としてやるべきことはやった」と安心してしまいそうです。三年間がんばってきた中学受験の集大成。我が家はもう、これが五十万でも支払います。

SNSを見ていると、夏期講習の成果が出てこずに焦るこの時期、さらに有料で個別指導塾の追加を検討する人が多いようです。そんな中、妻が地元で高校生専門の数学指導塾を見つけてきました。

料金を聞くとなんと、一時間の個別指導で七~八千円もするそうです。

「一応、電話をしてみたけど、灘中対策は専門外なんだって」

「そうか、残念」

実は、妻の言葉にホッとしました。さすがに高すぎて無理。

それでも気持ちは焦るばかりです。

何か、他に何かできることはないだろうか。

高校受験の専門塾へ

そしてついに、勝負手を放ちました。

高校受験の専門塾で、特別に自習スペースを使用させてもらえることになりました。指導や質問対応は一切ありませんが、高校入試を控えた中学三年生と一緒に勉強することができるのです。

塾のない日に、午後七時から午後十時までの三時間。

「近所にある中学生用の塾に、勉強の場所を借りることができないか、お願いしてみようかな？」という妻のアイデアです。

昨晩の夕食後、初めて息子を自習室に連れていきました。シーンとしていて、今日は誰もいないのかなと思って教室の中を覗《のぞ》いてみると、真剣に勉強する中学生が一杯いたので、思わず声が出そうになりました。小学生が特別に、こんな環境で勉強させてもらえるとは。

先生へのご挨拶が終わり、息子はそのまま自習することになりました。コピーしておいた過去問を持たせて「ひとりで大丈夫？」と聞くと、「大丈夫。できる」とのこと。背伸びをしたいお年頃なのか、年上の人たちと一緒に勉強できることがうれしいようです。

午後十時になり、息子を迎えに行きました。心配だったので少し早めにお邪魔すると、先生が、「三時間ノンストップで勉強していたようですよ」とおっしゃったのでホッとしました。

息子が教室からすっきりした表情で出てきました。

「みんなまだ勉強しているのに。おれもやりたかった。今度からお迎えはみんなと同じ午後十時三十分にして」

息子が言っている「みんな」とは、中学生のことです。息子の言う通り、その自習室は午後十時三十分まで使用できるのですが、最後まで残っていると寝るのが遅くなってしまいます。

「まだ小学生だから。午後十時までにしようね」

まさか、もっと勉強したいという日が来るとは。

環境が変わるだけでこんな言葉が出てくる。やっぱり、できるだけ良い環境に進学させたいと改めて思いました。

この時期に、この環境を見つけられた。

何かできることはないかと考え続けてくれた妻に、感謝します。

小学六年生　十一月

おれの勉強に関わってくるな

十一月某日

今日は塾で秋の三者面談がありました。

この面談で息子の併願スケジュールをすべて決定し、余程のことがなければ変更することはないはずです。五年生の秋から検討して、妻や息子とも何度も話し合ってきたスケジュール。息子が納得した入試日程が並んでいます。私が日程表を提出すると先生は、「良いですね。これでいきましょう」と言ってくださいました。

私はホッとして、塾の先生に一番聞きたかった質問をしてみました。

「この子の勉強について、先生が私に期待することはありますか？」

「ありません。何をするべきかは本人に伝えてあります」

やっぱり。たぶんそうだと思っていましたが。

塾を出ると息子が大喜びで、「がはは！　やーい、おれの勉強に関わってくるな！」と言いました。いやいや、勉強以外にも手伝えることはあるはずです。ぴったりと寄り添ってゴールまで伴走します。

合格実績とボーナス

十一月某日

帰り道、駅のホームで塾の友達数人のやり取りが聞こえてきました。

「先生、元気なかったな」

「おれたちのテスト結果が悪いから機嫌が悪い」

「合格実績が減ると来年のボーナスが減るらしい」

「社長に怒られるのかな」

かわいいです。みんな小学生なりに色々と考えているようです。

ひとりの友達が私のそばにやってきて言いました。

「お父さん、あと二か月しかない、じゃないです。あと二か月も、ある。あの長かった夏休み、あれがまだ二回分あるんです。そう考えたらすごくないですか？　まだまだ、ここからが勝負です」

その通り。中学受験生、全員に発信したい言葉です。

「そういえば、息子は遅刻しなかった？　夕方、電話に出なかったんだけど」

「今日は大遅刻でした。しっかり怒った方が良いですよ。息子さんは最近、たるんでいます」

やっぱり。また電車で寝てしまって、先の駅まで乗り過ごしたのかな。昨晩もダラダラとスマホゲームをやって、寝不足だからに違いありません。だから早く寝た方が良いと言ったのに。

そのあと息子が来たので遅刻したことをしかりました。

「こら、やっぱり遅刻したらしいね。ダメだって」

「ん？　おれ今日は間に合ったぞ？」

私が振り向くと、先ほどの友達が走って逃げていきました。

勉強漬けの土日

十一月某日
今日は土曜日です。早朝五時、妻がお弁当を作る音で起床しました。ご苦労さまです。
今日は朝九時からテストを受けて、夕方から夜まで通常授業があります。入塾以来、過

小学6年生・灘コース
ロングコース

6:00 起床　朝食
7:00 電車で出発
8:30 塾に到着

テスト・自習・通常授業

21:00 授業終了
22:30 電車で帰宅　食事・入浴
23:00 就寝

去最長のロングコースです。

午前七時の電車で出発しようとすると、妻が「ああ！　間違えた！」と大声で叫びました。

「どうした？」

「テストの日のお弁当はオムライスと決めているのに、普通のお弁当を作ってしまった」

なかなかかわいいところがある奥さんです。

息子がテストを受けている間、待ち時間に二時間かけて、この数か月で間違えた国語の語句をコピー用紙にまとめました。


朝から晩までずっと勉強して、翌朝も朝七時の電車で出発しました。

私も爆睡してしまい、ふと目を開けると、電車が見慣れた駅のホームに着いていました。慌てて電車を降りると、肝心の息子がまだ座席で寝ています。「起きて！」と叫ぶとパチリと目を開けて立ち上がり、うおおと走ってきました。閉まる扉にはさまれそうになりながらも電車から脱出。無事に塾に入りました。

私はこのあとに休憩できますが、息子は今日もテストと授業があって大変です。

夕方になると、また塾のお迎えに行き、帰りの電車で算数の間違い直しを。そして、やりました。一日に一問ずつ続けることで、およそ三か月かけて、夏期講習の算数の間違い直しを終わらせることができました。

帰宅して唐揚げをお腹一杯食べたあとで今度は、午後八時半から高校受験専門塾の自習室に行きたいと言い出したので、私が車で送っていきました。

息子の中学受験、今まさに、勉強漬けの日々。

午後十時に迎えに行くと、息子が中学生と一緒に出てきました。灘中の過去問、国語の直しをやり切ってきたと。

「なぜ最初から、ここに連れてこなかった?」

「えっ?」

「もっと早く見つけて欲しかったな。ここならいくらでも勉強できる」

やはり、環境が人を作る。

受験モードの良い一日を過ごせました。

学校の宿題を中断

小学校の担任の先生に、漢字と計算の宿題を中断してもらうようにお願いしました。六年生になったタイミングや夏休み明けにもお願いしようかと迷ったことがありましたが、息子が「他の子と同じようにやりたい」と言ったので継続してきました。

息子が中学受験をすることは六年生になった時点で先生にお伝えしてあります。受験が近づいてきたこの時期、学校の宿題で出る漢字と計算はすべて習得できています。妻や息子と何度も話し合い、本人も納得したのでついに宿題の中断をお願いすることにしたのです。

妻が連絡帳にその旨を書いてお願いをすると、「わかりました。受験、がんばってください」と丁寧な字でお返事を頂きました。

先生は春にお会いした時、私に「何かあればいつでも言ってください」とおっしゃってくださいました。中学受験に理解のある先生でありがたいです。

息子とは朝の時間は塾の勉強はやらない約束をしています。学校の宿題をやめた分、朝の時間はのんびりと、いつもより少しだけゆっくりできます。

秋以降、成績は上がらない？

塾の先生が、「そろそろ親御さんが焦って変なことを言い出す頃なので、気をつけてね」

と子供たちにおっしゃったそうです。息子が「先生、ウチは元々、変なことばかり言っています」と言ったら、先生が笑っておられたと。お恥ずかしい。ちょっと熱心なだけです。

実は私が先日読んだ本に、「秋以降、成績は急には上がらない」と書いてありました。読まなければ良かった。すごくショック。経験豊富なプロの先生がわざわざ書くのだから、普通はそうなのかもしれません。

でも私は息子の力を信じます。まだまだ、勝負はこれから。絶対に伸びます。

灘中の算数は処理能力

十一月某日
帰りの電車で「速さ」の一問に挑戦しました。そこから久々に集中モードに入り、電車を降りてからも駅のベンチで考え続けました。私は邪魔しないように席をひとつ空けて座ります。
このベンチに座っていると、いつも思い出すことがあります。私が小学生の頃に将棋大会の付き添いに来てくれた祖父は、将棋を知りませんでした。でも対局中はずっと後ろの方に立っていて、私が振り返ると、うんうんとうなずいてくれました。

私も息子に勉強を教えることはできません。私には灘中の算数が一問も解けません。ただ横にいるだけの人。でもこれで良いと思っています。

五分ほど経過したところで息子が、「よし、わかった」と見事に正解しました。

「灘中の算数は処理能力。天才的なひらめきは要らない気がする。これをどうやって時間内に処理するかを聞いている。でも、おれにはまだ処理できんかった」

素晴らしい。人生に通ずる経験をしています。

海陽中等教育学校　出願

十一月某日

愛知県にある全寮制の中高一貫校、海陽中等教育学校の出願受付が始まりました。息子の中学受験、初めての出願です。受験サイトの「ミライコンパス」では、証明写真の画像を一度登録しておけば、数分で出願することができます。本当に便利な時代です。

無事に出願完了！　と妻にＬＩＮＥすると、ものすごい剣幕で電話がかかってきました。

「ねえ！　なんでわざわざ仏滅の日に出願した⁉」

ええっ？　だってあなたが昨晩、必ず出願しろと言ったから。

「明日は大安なのに、アンタなんでわざわざ仏滅の日に出願した⁉」

恐ろしい。自分が昨日、「必ず出願して」と言っていたのに。我が家の出願は今後、大安の日のみとなりました。

帰宅すると、再び妻から怒られました。

「海陽に電話して出願をキャンセルして。大安の日に、もう一度出願してよ」

子を想《おも》う母の愛情はすごいですが、さすがにそれは無理です。

「ちなみに、入試が仏滅の日ならどうするの？」

「それは全員が同じ条件。私が言いたいのは、アンタの息子への想いがその程度で良いのかということ。出願は日を選べるのに。あ〜あ。できることをちゃんとやってあげてよ」

これで落ちたら私のせいになってしまいます。なんとしても合格を。

ただ、何度も言いますが、今日出願してくるようにと言ったのは妻なのです。

私はクリアファイルを切って、その中に受験票を入れて、それをリビングに貼りました。自分の写真が入った受験票を見ることで、息子が少しでも入試を実感してくれたら。

寝室で息子が私に覆い被さってきました。寒いのかと聞いても、ただくっついてくるだけ。自分の出願のことで私が怒られているのを見て、息子なりに励ましてくれたようです。優しい子です。

親を喜ばせたい

先日、帰りの電車で息子が言いました。

「おれは受かったとこに行くだけ。気が楽だよ」

翌朝、会社の後輩にその話をしたら、「それ違うかもしれませんね」と言われました。

息子の中学受験のことで仕事に影響が出るたびに私を助けてくれる彼には、中学受験についてよく話をしています。

「受験が近づいて怖いんだと思いますよ。だって、十二歳の子供が、親の期待を背負って試験を受ける。できれば受かって親に喜んで欲しいと考えますよ」

たしかに。

「ご自身だったらどうですか？　それだけの時間とお金をかけたサポートを受けてきて、ご両親と宿泊までして試験を受ける。ダメだとわかっていても、なんとかして受かりたい。受かって親を喜ばせたい。そう思うのが子供ですよ」

そうかもしれません。

あれは真夏の灘中模試。合格発表のあとに、沈黙のまま歩き続けた息子。あの時も息子は、合格して私を喜ばせたかったのかもしれません。

まもなく十二月。いよいよ入試が近づいてきました。
ここからは「心のサポート」が重要になってきそうです。

小学六年生　十二月

友達と遊ぶ約束

十二月某日

今朝、息子が学校に行く前に、「〇〇君と、学校が終わってから遊ぶ約束をしてきても良い？」と言いました。

今日は、塾はお休みです。でも、あと十日ほどで初めての本番、海陽特給の入試があります。正直、どうしようかな、と思いました。

「友達の家で将棋をしたい。いつもみんなと学校で話しているけど、おれは塾があるから行けなくて」

大きくなった体にランドセルを背負った息子がそう言った時、胸がキュンと切なくなりました。

「行ってきて良いよ」

私はそう言ってしゃがみ込んで、息子と視線を合わせてから、ギュッと抱きしめました。

「受験生だけど、その前に、小学生なんだから」

私がそう言うと、息子はうれしそうに登校していきました。

仕事から帰ると、息子は家にいませんでした。将棋を終えて帰宅したあと、高校受験専門塾の自習室に連れていって欲しいと妻に頼んだそうです。

「あとで迎えに行ってあげて。パパに、将棋勝ったよと、伝えておいてって」

そうか。勝ったか。

私が車で迎えに行くと、息子が大勢の中学生と一緒に自習室から出てきました。車に乗り込むとうれしそうに「将棋で勝ったよ！」と言いました。

今日は自分から自習室へ行って、灘中の一日目の理科と算数、二日目の算数の過去問を終わらせてきました。大好きな息子。いつも以上に、たくさん褒めてあげました。

小学校に調査書を依頼する

十二月某日
今日は土曜日。朝九時過ぎの電車でふたりで塾へ出発しました。
私は息子を送ったあとでファミレスに入り、受験で小学校を欠席する日の一覧表を作成しました。三者面談で担任の先生にお渡しするためです。

出願に調査書が必要な学校もあるので、その一覧表も作りました。学校の先生にはお手間ですが、その調査書がないと中学受験ができません。たとえば灘中には出欠日数の調査書の提出が必要です。灘中ホームページから「調査書作成のお願い」のPDFファイルを印刷して小学校へ持参し、調査書の作成を依頼します。小学校で厳封された調査書をレターパックライトに入れて、年明けすぐの期日までに灘中に発送しないといけません。実際には年末に発送するので小学校の先生には年末の忙しい時期に作成をお願いすることになります。

もし依頼を忘れたら学校の先生が年末年始のお休みに入り、大変なことになります。私はもう一度受験校の入試要項を確認しました。

大安の日は出願デー

十二月某日

西大和学園の出願受付がスタートしました。妻がカレンダーを見て、

「今日、必ず申し込んで」

と言いました。なんと！　大安の日じゃないのに？　あれだけ怒ったのに？
「あ！　そうか！　大安の日でお願いします！」
まじか。自分で怒っておいて忘れるとは。でも私は愛妻のこの器の大きいところを結構、気に入っています。

数日後、めでたい大安の日が来ました。我が家の「出願デー」です。パソコンで、西大和学園への出願を済ませました。もう慣れてきたので、あっという間に完了です。

妻は午後から仕事を休んで、東大寺学園の出願に行ってくれました。東大寺学園はネットでの受付ではなく、書類を郵送するスタイルです（注・二〇二一年時点）。銀行で受験料を振り込み、郵便局から簡易書留で発送します。夫婦でタッグを組んで息子をサポートできた、良い一日でした。

受験には眼鏡を二本

十二月某日

息子の眼鏡が壊れました。縄跳びの二重跳びで落として踏んでしまいました。春先に購入しておいた受験用の二号機を使用することにします。来週は海陽の入試。もし予備がなければ本当に後悔するところでした。すぐに追加でもう一本発注します。「受験には眼鏡を二本」です。

今日は小学校が午前で終わり、給食を食べてすぐ下校してきています。眼鏡が壊れたという連絡と共に、息子が「海陽特給の過去問が欲しい」と言いました。「すぐに出発して塾の自習室へ行く。過去問を買ってきてコピーしてきて欲しい。塾の入り口で待ち合わせたい」

ちょうど仕事で外にいた私は書店に駆け込み、海陽特給の過去問集を買って、コンビニへ走りました。息子が自分から勉強したいと言っている。ミスのないように丁寧に、本に書いてある拡大サイズを確認して、一年分の問題と解答用紙、答えをコピーしてクリアファイルに分類しました。私は帰りの一問も分類しているので、かばんの中にいつも予備のクリアファイルを入れて持ち歩いています。

午後三時過ぎに塾の入り口で待機していると息子が駅の方から走ってきたので過去問のコピーをサッと手渡しました。息子は「授業が始まるまでに、社理の過去問を終わらせる」と言ってそのまま塾に入っていきました。まるで駅伝の給水所のよう。こんなに真剣な表情を見るのは初めてです。塾に入る息子の背中に向かって思わず、いけー！　と叫んでしまいました。がんばれ！

筑駒を受けたい

十二月某日

海陽特給まであと四日。息子は五年分の過去問を、五日間で終わらせようとしています。入試が近づくとこんなにも勉強に集中できるのか。私が感心していると、妻が言いました。

「何か、他にもこう、もっと盛り上がる学校はないの？　中学受験のお祭りの最後に、花火を打ち上げてよ」

中学受験を「お祭り」と呼ぶ、妻の豪快さ。愛妻は本当に私立中学の偏差値表を一度も見たことがないまま、お祭りシーズンに突入します。

妻が「あの筑波《つくば》なんとかは？」と言いました。

筑波なんとか。そう、筑波大学附属駒場《こまば》中学校。筑駒《つくこま》。ネットで調べると、全国の男子校で一番偏差値が高いのは、この「筑駒」と呼ばれる国立校で、その次が私立中学の雄、灘・開成のようです。私が何度かその名前を口にしたことがあるので、妻も覚えたようです。

「どうせ受けるなら、そういう学校の方が良いよ」

妻がそう言うと息子がパンツ一丁でソファに寝そべったまま、

「おれ、筑駒を受けたい」

と言いました。

息子の関東受験、二月一日は開成の受験が決まっています。筑駒の入試は二月三日。スケジュール的には受験が可能です。

妻が本気になってきました。

「せっかく中学受験するなら、上から全部いこう。茨城県へ一緒に受けに行こう!」

「筑駒は茨城じゃないよ、たしか東京のはず」

「私は昔、家族で科学万博つくば'85に行った。茨城で間違いない」

たしかに「筑波」は茨城にあります。でもそうすると「駒場」はどうなのか。

ネットで調べると、やはり筑駒は東京都内にありました。

「難しい学校を受けさせた方が良い、それでやる気になるかもしれないし」

まだ出願は間に合います。二月三日はチャレンジ日として、筑駒を受験してみます。最難関に挑戦することで、少しでもやる気になってくれれば。

筑駒の受験資格

「出願時点で、本校で定めた通学区域内に保護者と同居し、そこから在席する小学校に通学している者」（注・二〇二一年時点）

筑駒の受験には条件があり、息子には筑駒の受験資格がありませんでした。

先ほど妻から「筑駒を受験することになったので、勉強をがんばっている」と電話がありました。筑駒を受験できないことを、息子にはしばらく内緒にしておきます。

算数の「場合の数」と理科の「電流」

十二月某日

昨晩、帰りの電車で息子が、「おれ、算数の『場合の数』と、理科の『電流』が苦手だ」と言いました。

「逆にそこを勉強すれば良いのでわかりやすいね」

と褒めておきましたが、実はこの二つの単元は、塾の授業で習った時から苦しそうでした。明日から、帰りの電車でやる算数の間違い直しの一問を、この単元に切り替えます。

どうせなら灘中の過去問からにしようと思って、出題傾向を調べてみました。「場合の数」と「電流」は毎年のように出題されていますが、どの問題が「場合の数」なのかがわかりません。

すると息子が「場合の数の問題には、何通り、という言葉があるはずだよ」と教えてくれました。なるほど。たしかに「何通り」と書いた問題があります。これが「場合の数」の問題か。勉強になりました。

苦手な単元を苦手と認めるのは、誰だって嫌なもの。よく言ってくれたと思います。私が「明日から電車でやろう」と言ったら、「用意しておいて」とのお返事。

勉強は塾にお任せで、私の出番は「帰りの電車の一問」だけ。もしかしたら息子がその価値を認めてくれているのかも。ちょっと、うれしくなりました。

来て欲しいと言えなくて

十二月某日
今日、息子から電話がありました。

「今仕事の打ち合わせ中だから」

「うん。わかった」

息子がなぜ電話をしてきたのかはわかっています。最近は勉強漬けの毎日になってきたので、塾の授業が始まる前に何度か、ふたりで喫茶店に行っています。妻には内緒ですが私のお小遣いの中で、コーラやクリームソーダを食べさせて気分転換しています。息子はそれが楽しみで、学校が早く終わってお昼過ぎに下校できた日は、いつもよりかなり早い時間の電車に乗って出発してくることがあるのです。

これまでは外出の許可を取って会社を出ていました。でも今回は取り引き先で仕事の商談中です。残念ながら行けそうにありません。

会いたいけど、仕方がない。そう思っていたら、しばらくして、また電話が鳴りました。

「駅に着いた、このあと塾の自習室に入る」

息子はなんとかして喫茶店に行きたいようです。

今日の打ち合わせの相手はふたり。古いお付き合いのある会社で、息子が遠くから塾に通っていることは知っています。

仕事の打ち合わせ中に何度も電話してきたので、先方が気にされて、「どうぞ、もうお子さんのところへ行ってあげて」と、笑いながらおっしゃってくださいました。

申し訳ない。この会社からなら、タクシーで向かえばそんなに時間はかかりません。ご厚意に甘えて、すぐに息子に電話をしました。「今から行くから。塾に入らずに喫茶店で待っていて」

喫茶店の前に行くと、息子が大きな水筒を肩にかけて、手にお弁当袋を持って、お店の前に立っていました。

ひとりでこんなに遠くまで来て、よくがんばっています。

私が声をかけるとうれしそうに、こちらに走ってきました。

何度も電話してきましたが、私の仕事を気にして「来て欲しい」とは言わなかった。

喫茶店でクリームソーダを食べながら、算数と理科の間違い直しを一問ずつ終わらせて、そのあとはリラックスタイムです。

「ねぇねぇ、おれさ、」

大好きな息子と過ごせる幸せな時間。学校のこと、友達のこと。今日も色々な話をたくさん聞かせてくれました。

海陽の特別給費生

十二月某日

海陽は愛知県の本校の他にも、東京、横浜、名古屋、大阪に試験会場があり、さらに最寄りの試験会場までおおむね九十分以上を要する場合、事前に申し込みをすれば自宅近くに会場を手配してくれるデマンド会場制があります。

私たちは灘中入試を見据えて宿泊の練習も兼ね、今回は前泊受験をすることにして、海陽入試に向けてホテルを予約しました。

息子が「ベッドは二つに分けて欲しい」と言うのでダブルではなくツインにしました。普段は敷布団で寝ているので、ホテルのベッドで寝るのが楽しみなのだそうです。

息子にとって初めての本番となる、海陽中等教育学校の特別給費生、「特給入試」。今回は土曜日に受験して、月曜日には結果が出ます。

真夏の灘中模試では、結果を言えない息子に声をかけられないまま、無言で歩き続けました。

もう後悔はしたくありません。試験会場から出てきたら、息子がどんな表情をしていても必ず「おつかれさま」と私から声をかけます。

私はこれから妻と一緒に宿泊の荷造りを。明朝はスーツケースを持って、初めての入試に出発です。

第四章

受験期

受験開始

二〇二一年十二月十七日（金曜日）海陽中等教育学校　特別給費生　入試前日

初めての入試、前日になりました。今日は息子とふたりでビジネスホテルに前泊します。昨日は妻とふたりで荷造りをしました。受験票を三枚用意して、息子のかばん、私のかばん、そしてスーツケースと、それぞれに分けて入れました。何があっても、どれかひとつは会場に持っていけるように。受験票を何枚も印刷できる、これもオンライン出願の長所です。

鉛筆を輪ゴムでしばって、カバーをはずした消しゴム二個と時計を、本番専用の筆箱に入れます。ポケットティッシュも多めに用意しました。試験中は袋から出して、机の上に置いて使います。

私が仕事を休んで息子を小学校に迎えに行くと、ワイワイガヤガヤとにぎやかな教室から息子がひとりで、ランドセルを背負って出てきました。

小学校を早退して、ふたりで電車に乗って出発しました。ふたりで外泊するのは初めてなので、息子は大喜びです。「スーツケースはおれが持つ」と言って、ゴロゴロと引いてくれました。

私も楽しくて仕方がないのですが、ここは冷静に、落ち着いて行動しないといけません。スマホにピコンと着信がありました。

「調子に乗らないように。気をつけて」

絶妙のタイミングで釘《くぎ》を刺す。妻からのＬＩＮＥです。


午後三時、ホテルにチェックインすると、まずは乾燥から来るノドの痛みを予防するために加湿器に水を入れて、それから湯船に少しお湯を張りました。次にフロントに行って、事前に予約しておいた電気スタンドを借りてきました。過去問を勉強するのにはテーブルの明かりが少し暗いので、念のため頼んでおいて正解でした。

ふと見ると息子がリモコンでテレビのメニュー画面を操作していて、18禁の有料アダルトチャンネルの案内を見つけてしまいました。すでに申し込み直前の「あなたは成人ですか？　ＹＥＳ・ＮＯ」選択画面までたどり着いています。

「ねえ。これ見たい」

残念ながらダメです。

「頼む。これ見たい」

興味津々。どうしてもあきらめられずに、まだ画面を見ています。有料に入る前のサンプル画面でも際どい画像が多く、タイトルだけでもアダルトな表現がずらりと並びます。とんでもないタイトルを読み上げていく息子。子供と宿泊する時は、アダルトチャンネルの案内がモニターに表示されないようにしてもらえると良いのですが。

息子がようやく落ち着いて、海陽特給の過去問を始めました。今週の月曜日から始めて、今日で五日目。とにかく時間があれば過去問、過去問。私が用意した五年分の過去問も残りあと二年分です。

「この過去問を全部終わらせたい」

「がんばって。パパもちょっと仕事をするから」

テーブルは息子が使っているので、私はベッドの上にノートパソコンを置きました。ワイシャツにネクタイを締めて、準備完了。これから仕事のZｏｏｍ会議に出席するのです。息子が「大人もおれと同じだな」と言いました。息子も私と同じように下半身はパンツ一丁です。

算数、国語、理科、社会。息子は休憩することなく、午後七時までノンストップで勉強を続けました。

「ホテルの近くでカツ（勝つ）を食べさせてあげて」

妻からＬＩＮＥで指示があったので、ふたりでカツを食べに行くことにしました。

食べながら、このあとの予定について話し合います。

「ホテルに戻ったら、もう寝る？」

「過去問を終わらせたいな。理科と社会が終われば、あとは算数だけ。算数は明日、会場に行く前にできるし」

海陽特給の理科と社会は三十五分ずつなので、息子が受験する他の学校よりも試験時間が短く、小学生でも集中力を切らせることなく挑戦できます。ただ、特給入試は今年から理科と社会の試験時間が四十分ずつになりました。今日やっている過去問と明日の本番とは、試験時間が違うことにも注意が必要です。

「じゃあ、お風呂に入ってから理科と社会をやって、それから寝よう」

お店を出て、ふたりでホテルに帰る途中で、息子が私に言いました。

「ねえパパ、明日、受かるかな」

「受かるよ。落ち着いて、いつも通りに」

私は自分に言い聞かせるように、そう答えました。

今日はできるだけ早く寝させよう。そう思ってスマホを見ると、妻からＬＩＮＥが来ていました。

「なるべく早く寝させてね」

さすが。何もかもお見通しです。

息子はホテルの部屋の内風呂に入って気分すっきり。浴室から鼻歌が聞こえてきました。続いて私がお風呂に入って部屋に戻ると、息子がまた18禁のサンプル画面を見ていました。まだあきらめられないようです。

「ねぇ、明日がんばるからこれ見たい」

「無理だな。ここでオーケーと言う親はいない」

「お願いします」

サンプル画面だけでも目がギンギン。やはり刺激が強すぎます。

理科と社会の過去問を終えて消灯しましたが、暗闇の中でまだ「お願いします」とつぶやいています。まさか入試の前日にこんな敵が現れるとは。

息子はしばらくすると寝息を立て始めて就寝しました。良かった。今日はとにかく寝ることが大切です。

私は息子を起こさないように、そっと起き上がりました。加湿器だけでは部屋が乾燥するかもしれません。息子の枕元には濡《ぬ》れタオルを、そして大きなバスタオルとバスローブも濡らして、ハンガーで部屋の隅にかけておきました。

私にできることがあれば、どんなことでもやりたい。出発の準備をすべて整えてから、再びベッドに戻りました。

息子のかわいい寝息が聞こえてきます。

入試の緊張で落ち着かず、私はなかなか眠ることができませんでした。

初めての入試

二〇二一年十二月十八日（土曜日）海陽中等教育学校　特別給費生　入試当日

入試の朝を迎えました。

午前五時。このあと午前六時三十分に息子を起こして、朝食を食べに行ってきます。息子はまだ隣のベッドで気持ち良さそうにスヤスヤと眠っています。

先ほど妻から連絡がありました。早起きして、息子が試験会場で食べる昼食用のお弁当を作ってくれました。おそらくオムライスです。このあとホテルのロビーに来てくれますが、もしも電車が遅れたりして間に合わなければ、私がコンビニでお弁当を買って持たせることになっています。

息子を起こして着替えさせて、朝食を食べに行きました。それから海陽の過去問、最後の算数に取りかかりました。朝食を食べながら「おれ、ちょっと緊張してきた」と言っていましたが、今はフンフンと鼻歌を歌っています。なんとか大丈夫そうです。

妻が無事ホテルに到着し、みんなで出発して、余裕を持って試験会場に到着できました。


控え室に入りました。

ついに来た、初めての入試。

やっぱり緊張してきます。

同じ塾の子供たちもいますが、一言も話しません。エアコンの音だけが響いています。

見覚えのない子もたくさんいます。いつもの公開模試とは違う、初めて戦うライバルたち。

みんな賢そうに見えます。

息子も、一言もしゃべらなくなりました。


午前九時三十分、入室時間になりました。子供たちは試験会場へと移動します。お母さんたちが最後の声がけを始めました。

私も息子と随分前に相談して、声がけの言葉は決めています。今こそ、息子の緊張をほぐす、約束のあの言葉を。

私は息子の耳元にささやきました。

「ちんこ」

ドラクエ好きの息子が勇者の名前に使っている、一番リラックスできる言葉です。

「アホだ。本当にそれを今、言うかなぁ。こんな親はいないね」

息子がうれしそうに笑いました。

「おいおい、アンタはまた、そんなバカなことを」

妻が私を押しのけて、大きな声で、「がんばれ！　ファイト！」と言いました。

その声が大きかったので、息子は少し恥ずかしそうにしながら、でも落ち着いた表情で試験会場へと入っていきました。

良かった。初めての入試で、まずは無事に試験会場に入ることができました。

「とりあえず、ここまでたどり着けたね」

私たちはそう言いながら、保護者の控え室に移動して、試験が始まるのを待つことにしました。


そして午前十時十分、試験が始まりました。

過去問を五年分やって問題の雰囲気はつかんでいるはず。でもやっぱりこうして実際に入試が始まってみると、これまでの勉強量の少なさが気になります。

「もっと、普段から本気で勉強していればなあ」

私が妻にそう話すと、「みんな一緒。やり切って受験できる子なんていない」とのこと。

「それも含めて、これがあの子の力。受かっても落ちても、これがあの子の力」

それはもちろんわかっていますが、でも妻にそう言われるとなんだか悔しい気もします。

「ところで、今日の入試は何科目なの？」

妻があくびをしながらそう聞いたので、私は思わずズッコケそうになりました。

今日は算数、国語、理科、社会の四科目受験。算数と国語は六十分一〇〇点ずつ、理科と社会は四十分五〇点ずつの配点です。

社会を除いた算国理の三科目でも受験は可能ですが、四科目で受験した場合は、三科目の合計点数を一・二倍した点数と、社会を含む四科目の合計点数とを比べて、得点の高い方を採用してくれます。息子の中学受験はほとんどがこの形式ですが、三科目受験の灘中と四科目受験の開成だけは、全員が同じ科目で受験します。

午後二時を過ぎ、三科目受験を終えた子供たちが先にロビーに出てきました。息子は最後の社会が終わってから出てくることになります。保護者の方が次々と子供たちを出迎えていて、中には、お子さんを抱きしめているお母さんもいます。その光景を見て妻が「早く出てきて欲しい。会いたいな」と言いました。

午後三時、息子が試験会場から元気に出てきました。

「弁当、多すぎ」

元気そうな様子に、まずは一安心です。そして、がんばってきた息子の姿を見て、私は思わず泣きそうになってしまいました。

息子は、私たちに小声で「できた。受かった」と言いました。うれしそうな表情。自分の力を出し切れたようです。

妻は夕食の準備があるので帰宅し、私と息子はすぐに電車で塾へ移動します。朝からの入試を終えたあとにも、塾の授業があるのです。会場に来ていた子供たちも、大急ぎでそれぞれの塾に向かって移動し始めました。

私は電車で隣の座席に座った息子を抱きしめました。プレッシャーの中、ひとりで入試を終えてきた。そう考えたら、たまらなくなって、目に涙が一杯になってしまって、なんとかこらえて。目的の駅に着くまで、ずっと抱きしめました。

夜になり、息子を塾に迎えに行きました。

妻から電話がありました。

「今日は自習室に行かないのかな？」

初めての受験で疲れているはずですが、灘中入試までは残り二十八日。本当は、たとえ一時間でも自習室へ行って欲しい。

帰りの電車で、息子に聞いてみました。

「ずっと座りすぎて、おケツが痛い。今日はもう終了」

なるほど。入試から授業までのダブルヘッダーで、おケツも疲れて当然です。本当におつかれさまでした。

二〇二一年十二月十九日（日曜日）

初めての入試が終わって、翌日の日曜日。昨晩は午後十一時半まで、妻のスマホを使ってゲームで気分転換をしました。このあと朝七時の電車で、いつものようにふたりで塾に向かいます。

息子は昨日、海陽の入試問題をそのまま持ち帰ってきました。算数の問題を見ると、かなり難しそうです。

「でも灘中と海陽特給とでは処理する量が違う。海陽特給の算数は、天才じゃないおれでも処理できた」

立派です。いつの間にか算数が「解く」ではなく、「処理」になってきました。

今朝、息子が、「一日目の算数で点を稼がないと灘中には受からない。灘中の過去問をコピーしてきて」と言ったので、一日目の算数をなんと十五年分もコピーしました。ものすごい量です。灘中の算数は帰りの電車で少しずつ取り組んでいましたが、ずっと「手に負えない」という印象でした。でもここにきてようやく、灘中の過去問にまともに向き合えるレベルに上がってきた気がします。ここまでに終わらせたのが五年から十年分。ここからもう一度リセットして、一日目と二日目の算数を二十年分、一日目と二日目の国語、一日目の理科を十年分やるのが目標です。あと二十七日間で、灘中の算数を仕上げる。かなり高いハードルですが、もうやるしかありません。

帰りの電車でいつもの算数の間違い直しを一問。過去のテスト直しから大事な一問を、私が選んでいます。今日は図形の問題に苦労しました。電車を降りて改札に向かおうとすると、息子が私の体をぐいぐいと押してホームのベンチへ向かいました。

あの集中モードです。今日はそれでもできず、改札を出てもまだ立ち止まって考え続けました。

がんばれ。この子は今まさに、ぐんぐんと伸びています。

初めての合格発表

二〇二一年十二月二十日（月曜日）　海陽中等教育学校　特別給費生　合格発表

入試から二日が経ちました。今日はこのあと昼十二時にインターネットで、海陽特給の合格発表があります。

中学受験は試験から合格発表までの間隔が短く、早ければ当日、遅くても翌日や翌々日に発表があります。

初めての合格発表。息子は今朝、「自分で見たいから、結果は言わないで」と言って登校していきました。学校から帰ったら、義母のスマホを使って自分で合否の確認をするそうです。

妻は「私は見ない」と言いました。自分の子供の合格発表が気にならないのかと聞くと、「アンタに任せているんだから」とのこと。なんという心の強さ。妻には私から結果を連絡することになりました。

午前十一時過ぎ、私は仕事で同行していた人と昼食を食べることになり、ラーメン店に入りました。私は仕事の取り引き先の何人かにも中学受験の話をしていて、その方も私が息子の中学受験に伴走していることは知っています。

私は「たくさん受けるうちのひとつですが、このあと結果が出ます」とだけお伝えして、ふたりでラーメンを注文しました。

合格発表まであと二十分。

「できた。受かった」と言って、試験会場からうれしそうに出てきた息子。私はなんとなく、「息子は受かっている」と思っていました。

ラーメンが出てきたのが、ちょうどお昼の十二時。食べ始める前に、合格発表をスマホで確認することにしました。

受験番号と生年月日を入力して「進む」ボタンを押すと、画面が切り替わりました。

『残念ながら不合格です』

☆落ちました。海陽中等教育学校の特別給費生入試、不合格です。

慌てて前のページに戻りました。

もう一度、受験番号と生年月日を入力します。

でも動悸《どうき》が激しくなり、ボタンがうまく押せません。

てっきり、合格者の一覧から息子の受験番号を探すものだと思い込んでいました。まさか息子の結果だけがいきなり表示されるとは。

何度入力し直しても、画面に出てくる文字はやはり、「残念ながら不合格です」のままです。

とりあえず、食べなければ。

スマホを置いてラーメンを食べ始めると、同行者から、「どうでした?」と聞かれました。私は、「ダメでした。さすがに簡単には合格できませんね」と答えました。

ラーメンを食べ始めても、味がわかりません。ただ口を動かして飲み込んでいるだけなのです。

どうしよう、落ちた。

会計を終えて店を出ました。

駐車場へ歩き出すと、靴の中に鉄板でも入ったかのように足が重く、急に筋力が衰えたようで、体がちっとも前に進みません。

どうしよう。どうしよう。

それでもやるべきことをやろうと思って、まずは妻に結果をＬＩＮＥしました。

「ダメだった。不合格」

妻も結果が気になっていたのか、すぐに既読になり、

「そうか。残念」

と返信がありました。


塾の先生には合否に拘《かか》わらず、結果を報告しなければいけません。

申し訳なくて、つらい電話です。先生は電話の向こうから一生懸命に「お父さん、これからです。まだこれからですよ」と、励ましてくださいました。


妻から電話がありました。

「残念だったね。パパ、そばにいてあげてね。あの子はよくがんばったから、そばにいてあげて」

予想していたトークが一通り終わったあと、段々と雲行きが怪しくなってきました。

「でもこれってさ、アンタが算数ばかりやらせたからじゃないの？」

やっぱり。始まりました。

「そんなことないよ。灘中に受かるには算数の力が必要だけど、他の科目もしっかりやってる」

「算数、算数と、素人が口を出して。このあと全部落ちたら、どうするつもり？」

予想通りの展開です。すべて私のせいになってきました。

「いやいや、大事なのはおれをしかることではなくて、子供を励ましてサポートすることじゃないの？」

「アンタのせいで。かわいそう」

ひどい言われようです。でもこの中学受験については、私が責任を持つと約束してきました。妻から叱責を受けても仕方がないのです。

息子はこのあと午後三時頃に小学校から下校します。結果を知って、それから電車で出発したとして、塾に到着するのが午後五時頃。

塾に入る前に会いたい。

会いに行こう。

私は午後からの打ち合わせを職場の仲間と交代してもらい、午後半休を申請して塾へと向かいました。

午後三時過ぎ、息子のキッズケータイから着信がありました。私は着信ボタンを押す前に一度、大きく深呼吸しました。

「結果、出てる？」

「どう？　受かった？」

「あ、やっぱり言わないで、今から、婆《ばあ》ちゃんのスマホで調べる」

元気な声。結果を知っている私にとってはつらい時間です。でもこれは息子の受験です。本人が結果を受け止めないことには前に進めません。

「どうかな、受かったかな」

息子が電話の向こうで受験番号を入力している様子がわかります。

「頼む、受かっていてくれ！」

次の瞬間息子が、

「残念ながら不合格です？　うわーっ！」

と叫びました。

「おれ、落ちた？」

「うん」

「うそ。落ちた？　あんなにできたのに。そんなわけがない。受かったはず」

息子はそのあと、塾に向かう駅のホームから、何度も電話してきました。

「塾には電話した？」

「先生、何か言っていた？」

「ママには電話した？」

話が終わって電話を切っても、またすぐに電話が鳴ります。

「なんで落ちた？」

「塾のみんなは？　受かった？」

私はスマホを握りしめて、塾の前で立っていました。そして息子が電話をしてくるたびに、

「大丈夫。塾の前で待ってるよ」

と、ただそれだけを繰り返して、息子を待ち続けました。

息子から、もう何度目かわからないくらいの着信がありました。

「……」

息子はもう、何も言いません。

電話の向こうから、ガタンゴトンと、電車が走る音が聞こえてきます。

「おいで。パパがいるから。待ってる」

「……うん」

午後五時、塾に到着した息子は、やはり暗い表情をしています。私は息子に駆け寄って、まずはギュッと抱きしめました。いつもは街中で抱きしめると嫌がりますが、今日は立ったまま動きません。

「おれはできたはず。どこかで答え合わせをしたい」

授業の時間が迫っていましたが、私たちはふたりで、近くにあるホテルのロビーに入りました。大きなソファが空いていたのでそこに座って、息子が入試問題の採点を始めました。今日の午後に大手学習塾のホームページに模範解答が掲載されたので、私が急いでコンビニへ行って、そのデータを印刷してきたのです。

「やっぱり、国語はできてる」

「理科も。社会も。これで落ちるはずがない」

息子が答え合わせを進めていきます。

「算数は、あれ、あ！　わかった、間違えてる！」

見るとその大問にずらりと×が並んでいます。

「あかん。ここ、勘違いして全部×になった」

たしかに、これだけ×があれば落ちても仕方がない気がします。

息子はもう一度、「やらかしたな」と言って、心配そうに私の顔を見ました。

私は大きく息を吸い込んでにっこり、目一杯の笑顔で、

「よーし！　原因がわかって良かった。すっきり！」

と言って、息子の背中をさすりました。

息子はホッとした表情を見せました。そして、模範解答をかばんに片付けると、「よし！　塾に行くか！」と言って、勢い良く立ち上がりました。


ホテルを出て、塾の前の交差点まで歩きました。時刻は午後六時。塾のみんなは午後五時から授業を受けています。

「塾に遅れちゃったね」

「良いよ。塾には遅れるかもと連絡してある。それよりもふたりで話したかった」

「海陽が不合格なら、灘も落ちるかな」

「そんなことないよ。勝負はまだ、これからだよ」

信号が青に変わりました。

「みんなは受かったかな」

そうです。塾の仲間たちの中には、合格した子がいるはずです。

いつも一緒にがんばってきた友達。それが今日、合格を手にした者と、不合格だった者に分かれたのです。

「よし！　さあ、がんばって！」

私がそう言うと、息子は少し不安そうな顔をして塾に入っていきました。

私は近くの喫茶店に入って仕事のメールをチェックしました。不合格のショックからかお腹は減らず、あっという間に時間が過ぎて塾の最寄り駅へと移動しました。

塾が終わって、息子が元気に改札へ走ってきました。子供たちが、受かった、落ちた、とワイワイガヤガヤ、大騒ぎです。

息子が私に向かって言いました。

「おーい。みんな受かってたよ！」

私は仲間にちゃんと「おめでとう」と言えた息子を見て、心がほっこりしました。そして私もみんなに「おめでとう」と、お祝いの言葉をかけることができました。

海陽特給は全国屈指の難関です。やっぱりすごい。みんな本当に力のある子供たちです。

塾の仲間が順に電車を降りていき、私たちはいつものように、空いた席にふたりで並んで座りました。

すると、さっきまであんなにみんなと明るく話していた息子が、急に黙って静かになりました。私はお互いの膝を密着させて、そっと背中をさすりました。

「おつかれさま」

息子はじっとして動きません。

私は息子に気付かれないように、マスクの中で少しだけ、ため息をつきました。


（やっぱり、受かって欲しかった）


息子が口を開きました。

「今から一番近い受験はどこ？」

「一番近いのは土曜日かな。海陽の一般入試、『入試Ⅰ』。受けよう。申し込むよ」

海陽特給に不合格になれば入試Ⅰを受けることになることは、事前に入試プランを話し合っているので当然息子もわかっています。

「土曜日か。もっと早く受けられる学校はないの？　明日は？　あさっては？　調べればどこかに明日受けられる学校があるかもしれない」

そして、息子が私の服のそでをつかみました。

「合格が欲しい。どこでも良い。おれも合格したい」


さっきまで明るくはしゃいでいた息子のこの言葉を聞いて、私は思わず泣きそうになってしまいました。でもここで私が泣いてしまったら、息子はもっとつらくなります。私は涙がこぼれ落ちないように目を大きく開いて、必死に遠くを見てこらえました。

「大丈夫。まだ始まったばかり。ずっとパパがいるよ」

ふと、いつもの算数の間違い直しをやっていないことに気が付きました。普段はこの駅に到着するまでに問題を解いています。でもかばんからファイルを取り出そうとして、しまった、今日はやめておこうと思い、上体を元に戻しました。

すると息子が、「落ちたからか」と言いました。

「いいよ、今日はやらなくて良いよ」

「やりたい。貸して。いつも通りにやる」

息子はそう言うと、私からコピーと鉛筆を受け取り、テストで間違えた算数の問題を一問、一生懸命に解き始めました。

私はまた涙をこらえました。


これから、どうなるんだろう。

全部落ちたら、どうなるんだろう。

世の中の人は知っているのだろうか。

中学受験がこんなにも恐ろしいものだということを。

こんなにつらいと知っていたら、中学受験なんてさせなかったのに。あの時、灘コースを目指そうと私が言わなければ、こんなことにはならなかった。

小学生は、中学生や高校生とは違う。十一歳や十二歳の子供に、不合格はつらすぎる。でも、今さら戻れない。私たちはもう、中学受験という名の片道列車に乗ってしまった。ここまで来たらもう最後まで、前に進むしかない。

海陽の入試Ⅰは五日後の土曜日。気力と労力、あんなに大変だったあの入試が、またすぐにやってきます。

中学受験の合格が、はるか遠く、手が届かないものに思えてきました。

帰宅すると、妻が元気に駆け寄ってきて、息子を抱きしめてくれました。

「おつかれさま、よくがんばったね」

息子は妻が抱きしめてくれたのでホッとしたようです。ふたりはそのままソファに座ってテレビを見始めました。

私は妻に、電車の中で息子と入試Ⅰについて話し合ってきたことを伝えました。妻は明るい声で、

「まだ始まったばかり。今週の入試Ⅰをがんばろう！」

と言ってくれました。妻が意外と元気なのはありがたいです。ママ、ありがとう。

今日、息子が塾に入ると先生が駆け寄ってきて、「気にするな」と励ましてくださったそうです。息子が、「全く気にしていません」と言うと、先生が息子の肩に手を置いて、「よし、少しは気にしろ」と言ってくださったと。

その話を聞いて、私は妻と一緒に思わず笑ってしまいました。

あの塾に通わせて良かった。

塾の先生に感謝です。

十二月某日

冬期講習が始まりました。午後二時から午後九時までの授業です。息子は冬休みに入ったので朝から塾の自習室へ行くことにしました。毎朝、私の出勤に合わせて一緒に電車に乗り、自習室で灘中の過去問を進めます。

これまでも土日は行きの電車でも算数の間違い直しを一問ずつやっていましたが、これからは平日の朝も勉強できるので、少し多めにコピーを持ち歩いています。

もうひとり、海陽特給に受からなかった友達が自習室に来ていたそうです。灘中入試、一日目の算数で時間を計って勝負。まず一年分、息子の勝ち。さらにお弁当を食べてから一年分、今度は友達の勝ち。灘中の過去問で勝負する小学生。しかも終わったあとには、お互いに相手のわからないところを教え合う。さらにその後に七時間の冬期講習もあるのです。

授業が終わる時間になっても塾から出てこないので少し心配しましたが、息子が改札へ走ってきました。よくがんばっています。いつも通り電車で算数の間違い直しをやったあと、おつかれさまと言って抱きしめました。

十二月某日

海陽特給の合格発表から数日が経ちました。

妻のイライラがたまっています。私だけ二階に来ましたが、息子がゲームを続けて、お風呂に入ろうとしないので、下から妻の雄叫びが聞こえてきます。

あの竹を割ったような性格の妻が、かなり落ち込んでいます。合格発表の日は息子を明るく出迎えてくれていましたが、やっぱり無理をしていたようです。今朝、ここ数日で急に年を取ったような、その風貌の変化に驚きました。まるで落武者。大事な息子の不合格にショックを受けるのは当然ですが、その落胆ぶりは見ていてかわいそうになるくらいです。私がなんとかサポートしないと。

「そうだな」、「そうかもな」と、妻の話をゆっくりと聞いていると、少しずつですが落ち着いてきました。

不合格からくる焦りと、全落ちの恐怖。あの豪快な愛妻でも参ってしまう、これが中学受験です。

十二月某日

今日は、東大寺学園から郵送で受験票が届きました。東大寺学園にはネット出願がないので、すべて郵便でやり取りをしています（注・二〇二一年時点）。申し込んだので全員に届くのは当たり前ですが、受験票が届くとやはりうれしい。第一関門突破です。そして今日は大安、ついに灘・開成に出願します。

私はパソコンの前で背筋を伸ばしました。

まずはミライコンパスのサイトから開成の出願を。当たり前のようにどんどん出願していますが、受験料は一校あたりおよそ二～三万円。来年の一月と二月のクレジットカードの請求額は結構な金額になります。でもせっかく何年も準備してきたのに、チャレンジしないで終わってしまっては宝の持ち腐れです。どうせならなるべく多く受験させてやりたい。

開成の出願が終わり、今度は灘中のホームページへ。灘中はミライコンパスを使用していないので学校ホームページから独自の登録が必要です（注・二〇二一年時点）。写真をアップロードして必要事項を入力して、無事に出願できました。あとは小学校の先生に調査書を作成してもらい、それを年明けまでに送れば完了です。

レターパックライトの宛名票をプリントアウトしたり、「受験上の諸注意」や「受験票」もこれから徐々にアップされていく、灘中の独自路線。そこにまた特別感を感じてしまいます。

今日はようやくママに笑顔が戻り、家の中が少し明るくなりました。ママ、おかえり。

二度目の入試

二〇二一年十二月二十五日（土曜日）海陽中等教育学校　入試Ｉ　入試当日

クリスマスの午前五時、このあと海陽の一般入試「入試Ｉ」に出発します。

息子にとって二回目の入試。あれから一週間。先週の土曜日と全く同じ会場、同じスケジュールでの本番です。でも今回は、すでに特給に受かった子供たちは来ません。息子にとっては敗者復活戦のような入試です。

昨日の塾の帰り、特給に受かった数名の友達が、「明日がんばって」と応援してくれました。

その中で、いつもは無口でおとなしい友達が息子に小さな声でボソッと、「今度は合格してこい」と言ってくれました。私はたまらなくなって、その子にただ黙って頭を下げました。ありがとう。

そして今回は、前泊をしませんでした。

海陽特給の試験のあと、息子は「ああ眠かった」と言いました。珍しい一言。

本番の最中に眠くなるなんて。あの日は電車に乗らなかったので、いつもの朝の睡眠が取れませんでした。行きの電車で睡眠を取って頭をすっきりさせる。遠距離通塾でいつの間にかそれが当たり前になっていたのです。

ふたりで大爆睡して電車を降りると、息子が言いました。

「これだ。頭がすっきりして全然違う」

灘中入試はどうしても前泊になるので、朝食のあとの睡眠の取り方が重要になってきます。もちろん進学の可能性があって受験しましたが、特給入試は灘中入試の「前受け」としても貴重な経験となりました。

「おしっこしたい」

息子が入試会場近くのコンビニでトイレに行きました。その間、私はマンガの立ち読みを。

ふと見ると、いつの間にか息子も隣に来ていて、マンガを読んでいます。

「ちょっと？　それは違う、本番、本番」

「待って。あともう少しだけ読む」

落ち着いていてなによりですが、さすがに試験前にマンガはまずい。慌ててマンガを棚に戻して、コンビニを出て会場に向かいました。

控え室に入ると子供たちが理科や社会のテキストを手に追い込みをしていて、緊張感が伝わってきます。

「みんな勉強しているよ。社会のテキストでも見たら？」

「おれはそういうタイプではない」

ふたりで椅子に座り、深呼吸しました。

「特給落ちたし。これも落ちるとやばいな」

やっぱり、気丈に振舞っていても、プレッシャーを感じているようです。

塾の仲間も全員が特給に合格したわけではなく、不合格になってから自習室で一緒に勉強するようになった彼もこの会場に来ているはずです。でも先週受かった仲間はここにはいない。

息子は椅子に座ったまま、じっと遠くを見ています。私はつい、あのつらかった不合格の夜を思い出してしまいました。

でもここで私が落ち込んでいるわけにはいきません。

「大丈夫。いつも通りに」

私はそう言って、息子の背中と膝を何度もさすりました。

がんばれ。がんばれ。

午前九時三十分、今日も入室時間になり、子供たちが試験会場に入っていきます。息子も立ち上がり、少し緊張した表情でこちらを振り返って、小さく手を振ってから試験会場に入っていきました。ここからはもう、ひとりでの戦いです。


今日の試験は先週と全く同じスケジュール。各科目の間に二十分ずつの休憩時間があり、お昼には昼食休憩もあります。息子が試験会場にいる五時間半の間、私は食事も取らず、保護者控え室でずっと祈るような気持ちで試験が終わるのを待ち続けました。

そして午後三時過ぎ、試験が終わって息子が出てきました。

「おつかれさま。がんばったね」

「うん。早く塾に行きたい」

先週、特給に合格した仲間たちは今、塾で冬期講習を受けています。

私は息子とふたりでかばんの中身を試験用から通塾用に入れ替えました。本番ではかばんの中はスカスカ。でも息子の話では、みんなは結構、試験会場にテキストを持ち込んでいて、休憩時間に最終確認をしていたようです。

「おれには必要ない。どうせ見ないよ。今日も休憩時間はひたすら寝ていたし」

今日は電車の中で寝て睡眠は足りていたはず。それでも本番の休憩時間に寝るとは大物です。


私の隣にいたお母さんが、同じようにお子さんのかばんに塾のテキストを入れながら、

「何年の入試傾向に近かった？　二〇二〇？　二〇一九？　どっち？」

と聞きました。

私はびっくりして、息子と顔を見合わせました。

でも私も知識があれば同じことを言うかもしれません。

実は私も、灘中の算数の傾向が気になっています。昨年度、「一日目の算数が易化した」という記事を見て、私はその漢字が読めませんでした。「いか」。簡単になったと。それを知った時に、「あぁ、来年は難しくなりそうで嫌だな」と思いました。

ある程度簡単になれば、「天才」と「少し勉強が得意な凡人」との差がつきにくくなるはず。でも灘中の算数がいつものように難しくなると、天才たちとの差が開いてしまう気がするのです。

先日、私が息子にその話をすると、息子が、

「受かる時は受かる、落ちる時は落ちる」

と言いました。まあ、その通りなのですが、それでも私は、問題の傾向を聞いたこのお母さんを笑うことはできません。

息子は今日の試験問題について、「社会は思考力より知識を問う問題が多くて困った」と言いました。今回の入試Ⅰも特給と同様に、四科目で受験すれば、三科目と四科目の結果を比べて良い方の点数を採用してくれます。今回は、社会を除いた算国理の三科目の点数が採用されるかもしれません。

「早く行こう。みんなは授業を受けている」

ふたりで電車に乗り、息子は私のスマホでゲーム実況の動画を見て気分転換をしてから、塾に入りました。

こうして、無事に二度目の入試が終わりました。先週は試験を終えて出てきた息子の姿を見ただけで泣きそうになりましたが、今日は冷静に過ごせました。私も少しは入試に慣れてきたようです。

二〇二一年十二月二十六日（日曜日）

入試の翌日。今日は日曜日です。妻がお弁当を作る音で起床して、朝七時過ぎの電車で塾へ向かいました。電車の中で、算数のテスト直しを二問やって、ふたりで大爆睡です。午前中は自習室で友達と一緒に灘中の算数の過去問で勝負して、午後からは冬期講習の授業です。

「昨日の海陽の入試は難しくてできなかった。おれ、落ちているかも」

海陽の入試Ⅰは、息子が普段通りの力を出せれば合格できるはず。でもそれは息子が通う塾の公開模試の話で、本番では色々な塾の生徒が集まります。これまでの成績が本番に加点されるわけでもなく、合格になんの保証もありません。

もちろん公開模試は大事です。単元ごとの習得度の目安になったり、勉強の目標になったり、テスト直しができたり。

でも一緒に入試を受ける受験生全員が、同じ公開模試を受けているわけではない。最初の合格が取れないと途端に不安になってしまい、あれだけ繰り返した公開模試は一体なんだったのだろうと、ついそんなことを考えてしまいます。

「今感じているこの気持ちが、灘中入試ではこちらに追い風になる。今までの灘中模試でどれだけ上位にいても本番には関係ないことがよくわかった。一発勝負だ」

「つまり、逆転されることがあるということか。それならおれは昨日の入試で落ちるね。はい論破」

「いや、つまりね、昨日は守り、そして灘中では逆転組の心でいこうと。そういうことですよ。さあ、がんばろう」

今日は私から駅の立ち食いうどんに誘ってみました。妻には内緒ですが、最近はかなりの頻度で立ち食いうどんに来ています。

「うまい。うますぎる」

息子のうれしそうな顔を見ると、ついまた誘いたくなってしまいます。


実は今朝、「試験ができなかった」という息子の言葉を聞いて、妻が私にそっと、「本番に弱いのかな」と言いました。息子は特給入試の算数ではミスで失点しましたが、他の科目は素晴らしい出来でした。

私は妻に、「実際に点は取れている。決して本番に弱いわけではない。その言葉は本人には言わないで」とお願いしました。

「本番に弱い」ということの言葉。まだ合格を知らない息子には、絶対に聞かせるわけにはいきません。

二度目の合格発表

二〇二一年十二月二十七日（月曜日）　海陽中等教育学校　入試Ⅰ　合格発表

入試から二日が経ちました。今日は昼十二時に海陽入試Ⅰの合格発表があります。今日も午前中は塾の自習室に行って、友達数人と灘中の過去問をやるそうです。勝ったり負けたりの良い勝負。お弁当を食べて、午後からは冬期講習の授業です。

私は息子を塾へ送ってから出勤します。朝から息子とふたりで電車に乗って大爆睡。よく眠れました。息子は、お昼の軽食と夕食用のお弁当を持って塾に入りました。こうなってくると、自宅での朝食が大切です。妻は毎朝、栄養バランスに気をつけた朝食を作り、息子に食べさせてくれています。

行きの電車で並んで寝ていたら、ふと、息子が途中で起きて私の手を握ってきました。私が手を握り返してあげるとまた眠り、ぐぅぐぅといびきをかき始めました。合格しているかどうか、不安になったのかもしれません。私は息子の眼鏡をそっとはずして、息子に肩を寄せました。

息子はキッズケータイしか持っていないので、合格発表は友達のスマホで確認するそうです。

妻には今朝も確認しましたが、「私は見ない」と言いました。

「私が見ても結果は同じ。でもわかったらすぐに連絡して」

すごい。私には結果が出ているのにそれを見ないで他人からの連絡を待つことなどできません。


私は仕事中もずっと結果が気になって職場で何度も時計を見ていましたが、ようやくお昼になりました。心臓がドキドキします。スマホで発表を確認すると、画面がパッと桜色になり、『合格おめでとうございます』の文字が出てきました。

☆海陽中等教育学校に合格しました。

やった、初めての合格です。

先週は不合格だったので知りませんでしたが、合格すると画面が桜色になるのです。これは良い色、うれしい桜色です。

スマホの画面が切り替わって、息子のキッズケータイからの着信が表示されました。

幸せな着信。すぐに通話をONにしました。

「おれ、受かった！」

「おめでとう！　本当におめでとう。やったね」

そしてすぐに、妻にもLINEしました。

『やった！　良かった！　体をいたわってあげてね』

すごい、合格の知らせは家族を幸せにしてくれます。

そして、さすがは母親です。息子が今朝起きた時に少し鼻水を垂らしていたので、体調を心配しているのだと思います。


夕方、いつものように息子を塾に迎えに行きました。

早く会いたいな。まだかな。

うずうずして待っていると、「あ、いた」とかわいい声が聞こえてきて、息子が友達と一緒に走ってきました。

やっぱり明るくて、うれしそう。先週とは表情が違います。

私たち親子の会話が落ち着いたところで、ひとりの友達が私の方を向いてひと呼吸おいてから、引き締まった顔つきで、

「お父さん、おめでとうございます」

と言いました。なんと立派な小学生。その子は先週、海陽の特給入試に合格しています。

そして彼は、息子に向かって言いました。

「これであとは戦うだけ」

そう。最大の目標、灘中入試まで、あと残り十九日です。

二〇二一年十二月二十八日（火曜日）

息子が最後に受けた灘中模試の結果が出ました。

結局、息子は合格ラインを超えることなく本番に挑むことになりました。でも内容を見ると、課題だった一日目の算数の得点が初めて平均点に届いていました。

やった。うれしい結果です。みんなが勉強する夏から冬にかけて、それでも追いついた。

しかも、この灘中模試を受けたのは本格的にエンジンがかかる前、海陽の特給入試以前です。今ならさらに伸びているはずです。

「よく伸びてる。良い勉強をしているね」

息子をたくさん褒めてあげました。

そして今日は大安。小学校の先生に作成して頂いた調査書を、灘中にレターパックで発送します。

郵便局の窓口に行くと、年末でかなりの行列ができていました。

コンビニから出そうと思って、妻にＬＩＮＥしてみました。

「年末で郵便局が混んでいるので、コンビニから出します」

すぐに返信がありました。

『灘中の調査書をコンビニから？　許さん。ちゃんと郵便局から出して』

そうか、なるほど。行列に並んでねばり、無事に郵便局から発送しました。

二〇二一年十二月二十九日（水曜日）

私の人生でこんなに早起きする年末が来るとは思いませんでした。

仕事は休みに入りましたが、毎朝七時過ぎの電車で息子と一緒に塾へ出発しています。息子は午前中は塾の自習室で過去問を。午後二時からは冬期講習の授業があります。お正月ムードは一切なく、なるべくいつも通りに。毎日ずっと、同じペースで過ごしています。

私は年末でも開いている図書館を探して本を読んだり、ノートパソコンで仕事の資料を作ったりしています。年が明けると二週間後から受験が始まり、土日を含めて六日間仕事から離れるため、先にできる作業を進めています。

とはいえ、朝から夜まで時間はたっぷりとあるため、お昼寝もばっちり。妻や息子には内緒です。

今日は息子に頼まれて、東大寺学園の過去問をコピーしてきました。全科目の問題と解答用紙をコピーするのにかなりの時間がかかりました。私はすっかりコンビニの住人となっていますが、中学受験生の保護者はみな、こうして過去問をコピーしているのでしょうか。

ふと、コピーしている過去問を残りの日数で全部終わらせることはできないことに気が付きましたが、それでも続行しました。備えあれば憂いなし。ここまで来たらもう、できる限りの準備をするだけです。

二〇二一年十二月三十一日（金曜日）

今日はいつもより早めに塾が終わりました。ふたりで一緒に帰って自宅で夕食を食べたあと、息子が「おれ、まだ勉強したい」と言いました。

年末年始で高校受験専門塾の自習室はお休みです。息子は自宅以外の場所で勉強する習慣がついたことで、自宅では勉強できなくなってきたので、どこか勉強できるところを探さないといけません。今日は自宅から少し離れたところにある喫茶店へ向かいました。午後八時に入店し、灘中の算数の過去問を一年分。喫茶店も年末で早めの閉店のため、店内に『蛍《ほたる》の光《ひかり》』が流れました。

私が先にお会計を済ませると店員の方が息子に、

「どうぞ。切りの良いところまで勉強してね」

と言ってくださり、十五分ほど答え合わせをしてから退店できました。お心遣いに感謝します。

帰りの車ではスマホゲームを。息子は車の中や、お風呂に入ったあと、わずかな時間を見つけて私のスマホでゲームをします。

「ゲームがあって初めて、受験ができる。本番の朝も、ゲームをやってから灘中へ行く」

「オーケー」

こうなったらもう、ゲームを持ったまま全力でゴールに駆け込みます。

年末最後の日もこうして勉強漬けの一日になりました。

小学六年生　一月

一月某日

年が明けて二〇二二年。ついに受験本番と中学に進学する年を迎えました。お正月もペースを崩さず、いつも通りに勉強を。灘中の過去問、その合間にスマホゲームをする毎日です。息子は自宅では一切勉強せず、塾の自習室や駅前の喫茶店、ファミレスで勉強しています。

運動不足解消のために、ふたりで縄跳びを始めました。縄跳び、お風呂、そして八時間以上の睡眠は欠かさずに。

冬期講習がある日は朝七時過ぎの電車で出発して算数の間違い直しを一問やって、ふたりで爆睡。塾の自習室で勉強して昼食を。午後からの授業を終えたら、帰りの電車でも算数の間違い直しを一問。帰宅して夕食を食べて、高校受験専門塾の自習室へ車で送ります。

息子は今まさに全力で、ずっと勉強をしています。大学受験の人たちでもこんなに勉強できるかどうか。

自主勉強は過去問のみ。灘中の算国理と、東大寺学園の算数、西大和学園の算数を少しだけ。東大寺学園と西大和学園の国理社はもう、挑戦する時間がありません。

中学受験の過去問は、早すぎてもいけない、いつ始めるのかと悩みました。でも結局、終わりませんでした。

『過去問は　志望校への　好奇心』

最難関受験をするのなら、子供が興味を持った時に少しずつでもやらせるべきです。私としては灘中はもちろん東大寺学園と西大和学園、愛光も全科目を五年分ずつ終わらせて欲しかったのですがとんでもない。やり切れるのは灘中の算数だけです。

電車を降りると息子が、「鼻水」と言いました。私は駅のホームで立ち止まってティッシュを取り出し、息子の前でしゃがんで鼻にティッシュを当てました。息子がチーンと勢い良く鼻をかみました。かわいいです。体は大きくなりましたが、まだまだ甘えん坊な男の子。ジャンパーを着ている、その姿が愛《いと》おしくて。大好きでたまらなくなって、思わずそのまま抱きしめました。

二〇二二年一月六日（木曜日）

昨日、灘中入試の出願が締め切られました。いよいよです。今年の受験資格を持つ、二〇〇九年（平成二十一年）度に生まれた男の子がおよそ五十五万人。その中で今回、灘中に出願したのは約六百五十人でした。まずは息子が灘中受験をあきらめなかったことを褒めたいです。

西大和学園　サテライト入試

二〇二二年一月七日（金曜日）西大和学園　サテライト入試　入試当日

今日は西大和学園の入試です。寒い冬ですが、風邪をひくことなく受験を迎えることができました。息子は寝る時にいつもお腹を出すので、お腹に腹巻きをして寝ています。全国屈指の難関校、奈良県の西大和学園。でも息子は算数の過去問を年明けに二年分やっただけ。灘中入試が迫る今、西大和学園や東大寺学園の過去問をやる時間がありません。タイムマシンで戻れるのなら、夏休みの時間を過去問の勉強にあてたいくらいです。

私は過去問の演習不足について、一切口にはしません。それを言っても息子が不安になるだけです。

午前九時三十分、息子が試験会場に入る時間になり、最後の声がけをどうしようかと思いましたが、今日は「楽しんできて」と言ってお尻をポンポンしておきました。息子が、はいはい、わかったと。最後に左のお尻をグッとつまむと、「やめてよ」と言って会場に入っていきました。気持ちは伝わったと思います。

西大和学園も四科目で受験。今回の配点は国語と算数が六十分一五〇点ずつ、理科と社会は四十分一〇〇点ずつ。海陽特給に比べて少しだけ、理科と社会の割合が大きいようです。

午後二時半過ぎに試験が終わり、息子が会場から出てきました。

「おつかれさま」

「いや〜、ダメだった」

「そうか、良かった」

私はお腹に力を入れて、にっこり笑ってそう言いました。

「変わってるな〜。できなかったと言っているのに、良かったという親がいる？」

でも、息子はうれしそうです。

もう試験は終わったので結果は変えられません。息子は必死にがんばっています。これだけ努力していれば悔いはありません。

私は息子を塾に送ってから仕事に戻り、夜になると授業が終わった息子をお迎えに行きました。朝から入試があって、そのあと夜まで授業があって、今日はいつも以上に疲れたはず。がんばったご褒美に駅の立ち食いうどんに行きました。今日も息子のうれしそうな顔に癒《いや》されました。

帰宅後、入試の手応えが今ひとつだったことを妻に伝えると、妻も私と同じように息子を褒めてくれました。

「おつかれさま。こんなにがんばって、何も言うことはない」

良い母親です。給料日に同じ言葉をかけてくれたら、私ももっと仕事をがんばってしまうかもしれません。

愛光　入試前日

二〇二二年一月八日（土曜日）

西大和学園の入試から一夜明けた土曜日。今日は朝から塾に行って、自習室で過去問をやったあと、夜まで授業を受けます。そして明日は大阪会場で、愛光を受験します。

私は一度自宅に戻って荷物の準備をしてから塾の終わった息子と合流し、そのままふたりで三宮のホテルへ出発する予定です。今日のホテルは来週と同じ。この前泊は、灘中入試の練習も兼ねているのです。

そんな忙しい一日の朝の午前八時。今、塾のある駅を通り過ぎて、どんどん遠ざかっています。さっき電車の中で息子を起こしましたが、どうしても眠いと。灘中入試まであと一週間。自習室で過去問もやりたい。でも小学生が、毎日こんなに勉強をがんばって。

少しくらい、好きなだけ寝かせてあげたい。今日は塾の最寄り駅をそのまま通過しました。

最寄り駅を通過してから二十分ほど眠り、息子が目を覚ましました。

次の駅で電車を降りて、折り返しの電車を待ちます。

「パパも一緒に寝ていたの？」

「パパは起きていたけど、わざと通過したよ。過去問をひとつ減らしてでも、今日は充電する朝にしたかったから」

息子は駅のホームを歩きながら、私に体を擦り寄せて何度もぶつかってきました。わざと起こさずに寝させてもらったことが、うれしかったようです。

息子を塾に送ったあとは自宅に戻り、妻と一緒に宿泊の荷造りをしました。特に「キッズケータイの充電器」を忘れないように注意が必要です。

来週の灘中入試には妻も同行しますが、今回の前泊は私と息子のふたり旅。息子から目を離すことができず、責任重大です。

「よし。行ってきます」

「調子に乗らないように。心配」

妻の激励を背に、胸を張って出発しました。


午後七時過ぎ、塾の授業が終わって、子供たちが駅に走ってきました。息子と合流して電車で三宮に向かいます。

三宮行きの電車では、私のスマホでひたすらゲームを続けました。でも今日も朝から塾に行って、充分に勉強してきました。これだけがんばっているなら少しくらいは自由な時間を過ごして欲しい。最近は私の方から時間を見つけては、息子に「もし良かったら、どう?」と、スマホを渡しています。

ホテルに荷物を預けてから、ふたりで晩ごはんを食べに行きました。今回は牛丼定食です。息子が「なんでこんなに楽しいんだろう」と言いました。私も本当に幸せ。大好きな息子とふたりの受験旅行は楽しくて仕方がありません。

ホテルの部屋に入ると息子が、

「パパ、このホテル、布団がないよ」

と言いました。かわいいです。

「ホテルはこうして、ベッドメイキングしてあってね」

私が掛け布団をくるんでいるシーツをめくってあげると、「すごい」と言って、息子がベッドに横たわりました。

「ケチったので、布団なしの部屋かと思った」

お風呂に入ったあと、息子はすぐにスヤスヤと寝てしまいました。

今日もおつかれさま。

私はこれから、洗濯と乾燥を。明日は朝五時起きでコンビニに朝食を買いに行きます。

前回までの教訓を活かして、朝食後に一時間ほど息子を寝させたい。三宮から大阪までは電車に乗る時間が普段よりも短いため、ホテルの朝食を食べてからでは睡眠が足りないかもしれません。早めに食べて、ゆっくり寝てから出発できれば。

朝早いので、妻にモーニングコールを頼んでおきます。

愛光　入試

二〇二二年一月九日（日曜日）愛光　入試当日

今日は愛媛松山《まつやま》の愛光中学、大阪会場での入試です。息子も午前五時に起床し、私がコンビニで買ってきたおにぎりとみそ汁を食べてからもう一度寝ました。一時間寝て、いつも通りに元気一杯。頭がすっきりした状態で出発します。

朝七時の電車で三宮から大阪へ移動。電車に乗り込むと大手学習塾のかばんを背負った子供とお母さんがいて、そのあとも大阪駅が近づくにつれて、中学受験の親子が続々と乗車してきました。

いつもの算数の間違い直しを一問やってから、大阪駅で桜橋《さくらばし》口の改札を出て、会場まで息子と歩きました。

まるで朝の散歩。息子はご機嫌で楽しそうです。

会場に近づくにつれて、愛光を受験する親子の姿がますます増えてきました。そしてSNSの動画で見た、あの光景が。塾の先生が戦国時代のような旗を持って並んでいます。

寒い中、先生たちも大変です。でもコロナ禍でなければもっと、運動会の応援合戦のようになっていたはずです。

会場近くのコンビニで昼食を購入しました。唐揚げ弁当とサラダを買って、お弁当袋にお水とお茶を入れます。他の子供たちは大体、お母さんが付き添いです。息子には母親がついてこないことで、悲しい思いをさせたくない。その辺りは妻がよくわかっていて、三十分おきに私のスマホに電話がかかってきて細かく指示があります。

「しっかり入場させるように。待ち合わせ場所の確認も」

はいはい。わかっています。息子と待ち合わせ場所を決めて、受験票を手渡しました。子供たちが会場前に集まってきました。今日の入試はコンパスの使用が許されています。席に座ったら、コンパスとティッシュを机の上に出すことを確認しました。中学受験の入試は学校ごとに持ち物のルールが違います。受験生といってもまだ小学生。その都度、息子と一緒にその日のルールを確認しないといけません。

今日の試験は午前九時に始まります。すでに会場前にはたくさんの子供たちが並んでいますが、何かざわざわし始めたので何事かと道の向こう側を見て、驚きました。大手学習塾の生徒が整列して、こちらに行進してきたのです。

これだけ多くの塾があり、それぞれにこんなに大勢の生徒がいて、みんなが合格したいとがんばっている。

ライバルたちのその迫力に圧倒されて私が何も言えずにいると、息子が、「じゃあ、おれもそろそろ行ってくる」と言いました。私の方が数の圧力に負けてしまうところでした。受験も四回目。親の私よりも息子の方が冷静かもしれません。私の心配をよそに、息子は笑顔で手を振って、試験会場に入っていきました。

私は息子を見送ったあと、近くのファミレスへ移動しました。受験票には試験の時間割りが書いてあるので、理科が始まったな、算数が残り五分かと、息子に心の中で声援を送ります。このファミレスは受験生の保護者で一杯です。みんな一言も話しませんが、それぞれ心の中で、子供に声援を送っているはずです。

今日の試験は、国語と算数が一二〇点ずつ、理科と社会が八〇点ずつ。国算と理社の割合は西大和学園と同じです。息子は今回も社会を含む四科目入試を選択しました。国算理の合計得点を一・二五倍して小数第一位を四捨五入したものと、社会を含む四科目の合計得点、いずれか高い方が採用されます。

この時間を使ってもう一度、私にできる入試のサポートを確認してみました。合格後の入金締め切りとその返金の有無、そして入学者説明会の日時。さらに、土曜日に授業があるかどうか、登校するための出発時間も調べました。もちろん合格しないと話になりませんが、六年間通うのは子供自身。これを伝えることで、最後の選択で本人が納得して進学できるはずです。

午後一時五十分、試験終了時刻になり、息子との待ち合わせ場所に向かいました。

会場から大勢の子供が出てきましたが人が多すぎて、親子がなかなか合流できません。

私たちは妻の指示通り、入り口から少し離れたところを待ち合わせ場所にしていたので助かりました。

息子がこちらに歩いてきました。

「パパ、ちょっと太ったね。遠くから見て太った人がいると思ったら、パパだった」

なんと失礼な男の子。でも、その表情は落ち着いています。

「どうだった？　トラブルはなかった？」

「うん。普通にできた」

私はその言葉を聞いて、二つの意味でホッとしました。

私は妻に怒られるのが怖くて、トラブルがなかったかどうかを確認したつもりでしたが、息子は試験の出来を聞かれたと思ったようです。トラブルもなく、試験もできたのなら言うことなし。

私たちは再び受験生の大軍に包まれながら、大阪駅へと向かいました。

「たこ焼きを食べたい！」

「よし！　行くか！」

元気そうで何よりです。今日もこれから塾の授業があるので、たこ焼きを食べたらすぐに電車で塾へ向かいます。

今回は、来週の灘中入試と同じホテルで前泊を経験できました。


ホテルの雰囲気、晩ごはんと朝食をどうするのか。加湿器の音が大きくて夜は使えないこと、歯ブラシが柔らかすぎて息子が嫌がり、来週は歯ブラシを持参する必要があることなど、実際に泊まってみて初めてわかることが一杯ありました。来週の本番に活かします。

六日後、今度はいよいよ灘中入試です。

西大和学園　合格発表

二〇二二年一月十日（月曜日）西大和学園　サテライト入試　合格発表

愛光入試の翌日。今日も午前七時過ぎの電車で出発して塾に入りました。今日は祝日ですが私は仕事があり、息子を塾へ送ってから出勤します。息子は冬休みが終わってからも、そのまま小学校を休んでいます。電車の中で学校の話をすると息子が、です。

「おれ、小学校のこと、もうすっかり忘れていた」

と言いました。でも入試が終わったら登校したいと。久しぶりに友達にも会いたいよう

小学校にはコロナを理由に欠席の連絡をしました。元々、私と妻は息子を年明けから小学校へ登校させるつもりでしたが、今の私にはもうそんな心の余裕はありません。息子に少しでも多く、灘中の過去問をやらせたい。

妻は最後まで「学校には行くべきだ」と言っていましたが、たまたまコロナがまん延したので欠席を受け入れました。それがなければ登校させるか否かで大ゲンカになっていたところです。

昨日はよくがんばりました。愛光入試のあとに塾の授業を受けて、さらに帰宅後に自分から、ひとつでも過去問をやりたいので高校受験専門塾の自習室に連れていって欲しいと言いました。家に帰り、入浴後に布団に入るとすぐに寝息を立て始めました。一日のスケジュールとしてはこれが精一杯です。

今日は午後二時に西大和学園の合格発表があります。

試験会場を出て「ダメだった」と言った西大和学園。

「西大和？　無理。算数があれでは受からない」

歯が立たなかったと。やっぱり難関校です。

「今日からは、寝る前の最後の過去問は東大寺学園をやりたい」

西大和学園が不合格なら、東大寺学園の合格がなおさら欲しくなります。たぶんその不安から東大寺学園の過去問という言葉が出てきたのだと思います。

お昼を過ぎ、合格発表の時間が近づいてきてドキドキしていると、息子から電話がありました。

「たぶん落ちているから、結果を先に見ないで。帰りの電車で一緒に見たい」

「わかった。一緒に見ようね」

本当は早く結果を知りたい。でも息子のためなら我慢できます。

午後二時を過ぎて、合格発表が始まりました。結果を見たい気持ちをこらえて仕事をしていると、午後三時半頃に、息子からまた電話が鳴りました。

「スマホを持っている子が自分で調べて、みんな結構、受かってる。結果を見て」

よし、と言って、ＩＤを入力しました。

ボタンを押すと、「残念」という文字が目に飛び込んできました。

『残念ながら不合格です』

☆落ちました。西大和学園、不合格です。

「どう？」

「うん、今回は、ダメだったみたい」

「落ちた？　そうだと思った」

私は明るい声を出すことを意識して言いました。

「おつかれさま。これも良い経験になったよ」

西大和学園は難関校。そう簡単に受からないことは承知しています。でも私がショックだったのは、その得点内容でした。今回の入試は得点が発表されていますが、算数の得点が足りずに落ちています。

「ねぇねぇ、あのさ、算数の点数は？」

「○○点。難しかったね」

息子は、「やっぱり。まあ、仕方がない」と言って、電話を切りました。


夕方、塾のお迎えに行って、息子と合流しました。さすが、まわりの友達は何人も西大和に合格しています。合格したみんなに「おめでとう」を言って、ふたりで電車の座席に座って、いつもの算数を一問。そのあと、息子の背中をさすりました。

「今回はダメだと思っていたからショックはない」

息子はそう言いましたが、やはりさみしそうです。

金曜日に西大和学園を受験して、そのあと夜まで授業があって。土曜日も一日塾にいて、それから三宮に行って宿泊して、翌日の日曜日は愛光を受験したあとに塾の授業を受けました。さらに夜は自習室へ行って、必死に過去問をこなして。

その上で不合格という結果を受け止めなければならないのです。あの大変な努力が報われないつらさ。

不合格は海陽特給で経験しています。でも慣れたわけではない。

いつもと同じ電車に乗っているのに、なぜか車内の灯りが薄暗く感じます。あの日と同じ、つらい帰り道。

私は息子の膝の上に手を置きましたが、息子は黙って窓の外を見ていました。

帰宅すると妻が、

「おかえり。よくがんばったね」

と言って出迎えてくれました。

「サイクリングに行こう！　暗いけど、ライトを点《つ》ければ行けるよ」

ふたりは自転車に乗って、元気良く出発しました。さすがはママです。気分転換させようと、外に遊びに連れていってくれました。

妻と息子がサイクリングを楽しんでいる間に、私は西大和学園のホームページにもう一度アクセスして、不合格の画面を出しました。

画面を保存しておこうとして、ふと、その画面の下の方にボタンを見つけました。なんだろうと思って見てみると、西大和学園の「本校試験」の申し込みボタンです。

今度の日曜、灘中入試の二日目のあと、午後から行われる入試。例のやつ。灘中と翌日の東大寺学園の間にこれを受験すると、ドタバタになる。

その出願はすでに締め切られていますが、サテライト入試で不合格だった子供には、まだ出願の権利があるそうです。


（もう一度、受けられるんだ……）


中学受験では、何度も受験することができる学校があります。

実はさっき不合格を知った時に、しまったと思いました。西大和学園の本校試験に申し込んでおくべきだった。これだけがんばってきたのだから、一度でも多く受験させてやりたかった。

当日のスケジュールが慌ただしくなるからと理由をつけて、本校試験に出願しておかなかったのは私のミスです。

入試の算数に出るのはたったの数問で、そこには運の要素があるはず。息子は一生懸命に勉強して確実にレベルアップしています。今回はたまたま、その目が出なかっただけ。良かった。やり直せる。


息子と妻がサイクリングから戻りました。

西大和学園に出願できることをふたりに伝えると、喜びを爆発させました。

「本当にもう一度受けられるの？」

息子が跳び上がって喜びます。

「やった！　受ける！　絶対に受けたい！」

善は急げ、今回は大安の日ルールは無視して出願しました。息子も新しい挑戦が決まってうれしそうです。

ボタンを見つけられて良かった。ハードスケジュールになりますが、そこは私が全力でサポートします。お風呂に入ったあと、息子を抱きしめて就寝しました。

愛光　合格発表

二〇二二年一月十一日（火曜日）愛光　合格発表

西大和学園の不合格から一夜が明けました。息子のスースーとかわいい寝息で起床して、朝七時の電車で息子と一緒に塾の自習室に向かいました。

今日は夜七時に愛光の合格発表があります。

今朝、ふたりで家を出る時に息子が、「もし愛光に落ちていても怒らない？」と聞きました。

まさか、これだけがんばっている子供を怒れるはずがありません。

私は玄関の扉の前で体をかがめて、息子と視線の高さを合わせると、そのほっぺを両手でギューッとはさみました。

「大丈夫。どんな結果でも大丈夫」

いつもの電車に乗って気持ち良く爆睡。息子の眼鏡が邪魔になりそうだったので、はずしました。気持ち良さそうに寝る息子。大好きなこの子に、私ができる精一杯のサポートをしたい。

「ねえ。今日はお昼ごはんを一緒に食べたい」
「いいよ。じゃあお昼に迎えに行く」

仕事を抜けてお昼に塾の前まで迎えに行くと、午前中に灘中の過去問、一日目の国語と理科、算数を終わらせていました。

公園でお弁当を食べさせたあと、一緒にファミレスに入りました。

私が食後のコーヒーを飲んでいると、息子がアイスクリームを食べながら私に向かって、
「子供の実力が足りなかった現実を受け止められずに落ち込む父親の表情を見て、すべては勝手な妄想だったとわかる日が近づいたことを感じた喜び」と言いました。すごい文章力。国語の勉強のたまものです。

午後からは灘中二日目の国語と算数をやると言って、また元気に塾に入っていきました。夕方からはいつもの授業があります。がんばれ。

午後六時過ぎ。今日は外出先で仕事を終えたので、少し早いですが塾の近くにあるベンチに座りました。このあと午後七時から、愛光の合格発表です。道の向こうには、息子ががんばって授業を受けている塾の教室の窓が見えます。私はその窓の明かりを見つめました。

本当はここで、どうしても合格が欲しい。

気力も体力も限界まで使ってがんばった、あの金・土・日の三日間。その努力の結果が欲しい。

実際に受験を進めてみて、公開模試の結果は本番では役に立たないことがよくわかりました。「お守り」になるのはやはり「合格」のみ。

あれだけたくさん受けたつもりだったのに、もう灘中まで入試はありません。息子がこれまでに合格したのは海陽の入試Ｉだけ。全国でも難関と言われる海陽の特給、西大和学園のサテライト入試は不合格でした。灘中を受ける前に、ここでどうしても難関校の合格が欲しい。

この合格を持って灘中入試を迎えるのとそうでないのとは心の余裕が違います。

ここが息子の中学受験の大きな分岐点となるのではないか。そう思うとドキドキして、居ても立ってもいられません。

私は午後七時になる三十分も前から、スマホでＩＤ入力の直前まで画面を進めて待機しました。

ようやく時間になり、私は大きく深呼吸をしてから、ボタンを押しました。

『合格おめでとうございます』の文字が見えました。

☆愛光に合格しました。

あぁ。良かった。


「お子さんには、灘中に挑戦する力があります」

中学受験の神様から、そう認められた気がしました。


さっそく妻に連絡して、塾にも合格の電話をしました。

受話器から聞こえてくる、塾の先生の「おめでとうございます」の声。それが心地よくて、電話を切れなくなってしまいました。

喫茶店で少し仕事をしたあと駅に移動して待っていると、息子がうれしそうに駅の改札に走ってきました。私が塾に電話をしたので、先生が合格を伝えてくださったそうです。

私は息子に近づいて、大きな声で言いました。

「やったね。おめでとう」

「うれしい？　ねえ、うれしい？」

「うれしいよ。パパは涙が出るほどうれしい」

「しーっ、恥ずかしいから。静かにして」

みんなが電車を降りていったあと、今日もいつもの算数の間違い直しを。

それが終わるのを待ってから、息子を思い切り、ギュッと抱きしめました。

「良かったね。本当に良かったね」

今日は幸せな夜。ご縁を頂いた愛光中学に感謝です。

二〇二二年一月十二日（水曜日）

今日も朝七時過ぎの電車に乗って、ふたりで塾の自習室に向かいました。

塾の友達も半分くらいは自習室に来ていますが、残りの子たちは自宅で勉強をしています。本番前のコロナ対策として小学校はもちろん、自習室の使用も控えているようです。

私はあさっての金曜日から仕事を休みます。年末年始に息子が塾にいる時間や過去問を解いている間に、メールでできる作業など、先にできることはなるべく済ませておきました。不安で仕事が手につかなくなってきています。いっそのこと、早く入試が来れば良いのに、という気持ちになってきました。

「お昼に一度、塾を出たい」

「わかった。お弁当を食べ終わる頃に迎えに行く」

午前中に自習室で灘中の過去問をがんばって、仕事を抜けてきた私と一緒にファミレスに入って休憩しました。

息子が、「午前中にこれだけやったよ」と、採点済みの解答用紙を見せてくれました。できたり、できなかったり。灘中の過去問は難しくて、年度によって合格者平均はもちろん、受験者平均にさえ届かない時があります。なんという高い壁。でも、段々とよくできるようになってきました。あとは本番の問題との相性次第です。

ファミレスを出て塾に向かおうとすると、息子が、「ねえ、少し休憩したい」と言いました。

驚きました。最近の息子は、「あと一年、もう一年」と、私の想像以上に過去問を進めてきました。「もうやめておいたら？」と言ったことも何度かあります。そんな息子が、「休憩したい」と言うのです。

「もちろん。休憩しようよ」

ふたりで近くのホテルのロビーに移動しました。海陽特給で不合格だった晩、入試問題の自己採点をした、あのロビーです。

塾の仲間は今も、自習室で灘中の過去問を進めています。本番までもうあと数日しかありません。

でも今日は、過去問が遅れたって構わない。ゆっくりと息子の話を聞くことにしました。受験のこと、友達のこと。中学校に進学してからのこと。そしてふたりでたくさん笑いました。

他に誰もお客さんがいなかったので、息子がソファに寝そべって、大きく伸びをしました。

私も隣で横になって、グーッと体を伸ばして、広い天井を見上げました。背筋が伸びて気持ちが良いです。

私が息子の手をぎゅっ、ぎゅっと二回握ると、息子もぎゅっ、ぎゅっと二回、握り返してきました。

幸せな時間。過去問の勉強は遅れましたが、これで良いです。勉強よりもずっと価値のある時間を過ごせました。

灘中入試まで、あと三日。

塾から帰宅してお風呂に入って、さあ寝ようか、と布団に転がってから妻が、「そういえば塾の友達は西大和に受かったの？」と聞きました。

息子が合格した子たちの話をすると、妻が、「その子たちは算数ができたの？」と聞きました。

要注意。返答次第では爆発します。

息子が「算数は大体同じ、理科と社会で負けたかな」と言った途端に、火がつきました。

やっぱり！　理科と社会で負けたか！　スマホゲームばっかりやって、勉強もせずに。その時間を使ってなんで理科と社会をやらないの！　やれば誰でもできる理科と社会を！どこかの知ったかぶりのバカな父親のせいで算数算数算数と！

想像した通りに、火の粉がこちらに飛んできました。

算数で差がつく？　はあ？　結局、理科と社会で負けたし。私が夏にあれだけ理科と社会をやれと言ったのに、アンタやらんで良いと止めたな、止めたな、いや認めろ、止めたな！　その結果がこれか！　落ちたし！

違います。たしかに灘中合格には算数の力が不可欠です。でも他の科目もしっかりと勉強しないといけないことは、妻に何度も話してきました。私の中学受験の伴走は、国語の漢字と語句、理科と社会から始まりました。テスト直しでその基本の復習ができているからこそ、あの夏は理科と社会ではなく算数の難問に集中させたかったのです。

息子は西大和学園の入試で、国理社の三科目は合格点に達していたはず。足りなかったのは算数。息子もそれをわかっています。算数で得点できなかったことは、妻にも合格発表の日に伝えたのですが、大らかな性格なのですでに忘れているようです。

でも私はそのことを口にしませんでした。灘中入試の前に「西大和を算数で落ちた」と言えば、息子はやっぱり弱気になります。


それに妻の焦る気持ちもわかります。

中学受験の不合格がこんなにも苦しいなんて。

大事な息子に何度も不合格の烙印《らくいん》を押される、辛さと口惜しさ。

ここは私が我慢しなければ。金言をすべて受け止めて目をつむりました。


「算数算数と、かわいそうに」


もうすっかり私のせいになっています。

息子は面白がって興奮してしまい、布団の中でクスクスと笑って寝ようとしません。おかげでますます妻の機嫌が悪くなってきました。

ようやく落ち着いて、シーンとして。あぁ、終わったか、良かったな、と思ったその時、妻が布団からガバーッと起き上がりました。なんと。まだ終わっていないようです。

暗闇の中で妻がつぶやきました。

「結局、落ちたし。算数算数と偉そうなことばっかり言って。この素人が」

息子もまだ起きていて、私の腕の中で聞いています。

「犠牲者。かわいそうに」

そのまま笑う息子を抱きしめて就寝。妻もスースーと寝息を立て始めました。

あぁ、怖かった。でもなんとか乗り切って、ねばり勝ちです。

翌朝、午前六時に妻がお弁当を作る音で起床しました。

リビングに行って妻に、おはよう、と声をかけました。愛妻の長所は、どれだけ怒っても一晩寝るとすっきり、終わったことを引きずらないところです。

でも今日はフライパンを持ったまま、こちらを向いて言いました。

「犠牲者。かわいそうに」

思い切り引きずっています。

灘中入試　前日

二〇二二年一月十四日（金曜日）灘中入試　前日

ついに関西受験の四泊五日の旅、出発の朝を迎えました。

関西入試は毎年、この週末にピークを迎えます。灘中は大学の共通テストと同じ土・日曜日の二日間。西大和学園は日曜の午後。東大寺学園は月曜日。曜日に関係なく二月一日から始まる東京・神奈川の入試と違い、この三校の入試はいつも同じ週末に行われます（注・二〇二二年時点）。

金・土・日・月と宿泊して、灘中、西大和学園、東大寺学園を受験したあと、翌日の火曜日に灘中の合格発表を体育館で見てから自宅に戻る。息子にとっては一世一代の受験旅行です。

私は金曜日から水曜日まで仕事を休みます。

中学受験のサポートで平日に連続で大きな休みを取るのはこの関西入試と二月一日の開成入試の二回。私はここで休みを取ることを一年以上も前から職場の仲間に言い続けてきました。

みんなは昨日、「がんばってきて」と言ってくれました。しつこく言い続けてきた私の気迫に押されて、文句を言って不合格の責任を押しつけられてはたまらない、というのが本音かもしれません。

私は一番仲の良い、この一年半の間ずっと私を助けてきてくれた後輩に言いました。

「木曜日の朝、どんな表情で出社しても、結果を聞いてよ」

彼は、「これは将来、うちの会社に中学受験休暇ができるきっかけになるかもしれませんね。後進のためにも思い切り休んでくださいよ」と言って、明るく笑ってくれました。

妻は今晩、仕事を終えてから三宮のホテルに合流して、土日を一緒に過ごします。

旅行かばんに荷物を入れると、過去問や資料集など、勉強道具だけで荷物が一杯になってしまいました。

さすがに荷物が多すぎるので、起きてきた息子に必要な勉強道具を選ばせることにしました。

「良いよ。おれが選ぶ。ほら、要らないものばっかり入っている」

これは要らん、これも要らん、と言って資料集やテキストをどんどん減らしていきます。

「おいおい、少しは勉強しないと」

「どうせやらないし。よし、全部要らん」

荷物から勉強道具がなくなってしまいました。

全部なしではいかんだろう、ということで、過去問と理科社会の資料集だけは内緒で荷物に戻しておきました。少しは勉強道具を入れておかないと、移動中ずっとスマホゲームだけになってしまうからです。

「さあごはんを食べて。出発するよ」

私がそう言うと息子が、

「あ！　ごはんにパパの唾液が入ったかも、もう食べん」

と怒りました。

「なんでごはんの前でしゃべった?!　もう食べん！　受験も行かん！」

息子はそう怒ってリビングを出ると、二階の寝室へ行って閉じこもってしまいました。

出発まであと三十分です。

こんな大事な日に、なんでこんなことに。

「下りてこい！」

と怒鳴りたいのを我慢しました。

階段の下に立って、ゆっくりと声をかけます。

「あと三十分。ごはんを食べて出発しよう」

ソファに座って待っていると、息子が下りてきてレンジでごはんを温めて「殺菌できた」と言って食べ始めました。

よく乗り越えました。このあとは、灘中を受験する生徒が集まる塾の前日特訓があります。都会の校舎で行われるので行くのに時間がかかり、遅れるわけにはいかないのです。そのことは、本人もわかっているはずです。


朝食を食べ終わって、私が洗い物をしていると息子が、

「あのさ、塾の友達でここまで全勝している子もいるけど、その子はまだ本当の中学受験を知らない。もったいない。合格だけじゃ中学受験はわからない。おれは強いぞ。もう二回も不合格を知っている」

と、私に言いました。

その言葉を聞いて、私は息子の元へ駆け寄りました。

「そうだよ。その通り。強いぞ」

私はソファに座る息子の前で、拳を握って励ましました。

ふたりで外に出て、玄関の鍵を閉めました。次に自宅に戻ってくるのは火曜日。その時には、灘中入試の結果が出ています。

「よし、行こう」

出発。電車で一路、前日特訓の会場へ。息子は移動中、ずっと寝ていました。電車で寝るのは大得意。本番に向けて鋭気を養うことができる、素晴らしい特技です。

お昼はたこ焼きにしました。

ふたりでおいしいたこ焼きを食べながら、旅行の行程を確認しました。

「ということで、大事なのはケガなく無事に帰ること。わかった？」

「心配なのはパパ。すぐに調子に乗るのでしっかりと見張っておくようにと、ママに言われた」

なんと、妻にしっかりと先回りされています。

「あとさ、先に言っておくけど、灘中は受からない」

「うん。一生懸命にぶつかれば良い」

十二月中旬からの一か月間、息子は本当によくがんばりました。小学生に、これ以上の無理はさせられない。もう充分です。

前日特訓の時間には無事、間に合いました。子供たちが大勢いるのが見えます。この集団に会うのは夏の灘中模試以来です。

「あの時とは違う。追いついてきたぞ」

私は息子にそう言って、教室に入るのを見届けてから、同じビルの中にある保護者の控え室に入りました。席に座って、大きく深呼吸します。

ついにきた、灘中入試。

今の息子の力が一〇〇だとすれば、夏の灘中模試の頃はまだ六〇～七〇の出来でした。今はギリギリ追いついているはず。十回のうち二～三回なら、合格ラインを超えるかもしれない。

考えているとどんどん不安になり、保護者の控え室を出て、一度荷物を持ってホテルにチェックインしてくることにしました。その方が息子とホテルに戻った時にスムーズに部屋に入れそうです。

三宮のホテルに移動する途中で、妻からＬＩＮＥが来ました。

「落ち着いて行動するように。先にホテルへ行ってチェックインしたら？」

さすが、私の行動はすべてお見通しのようです。

「了解」とだけ返信しました。

ホテルに到着しました。愛光の受験で泊まったあのホテルです。

ロビーに行ってびっくり、そこにはすごい行列ができていました。しかもみんなお母さんひとりです。子供はおそらくそれぞれの塾の前日特訓に行っているので、ここにはお母さんだけ、同じ年代の女性がびっしりとスマホを片手に並んでいるのです。

「これが全部、灘中受験生の親か」

そう思って見てみると、みんな賢そうに見えてきました。

チェックインを済ませて、部屋に荷物を置きました。乾燥防止のために浴槽に少しお湯を張って、部屋の中を見渡します。先週のツインと同じ広さですが、今日は部屋の奥にエキストラベッドがあります。

息子と妻と、私。どう見ても私がエキストラベッドになります。でも寝転んでみると意外と気持ち良く、全く気になりません。私は余分な争いを避けるため、自分の荷物をエキストラベッドの上に置いて、「私はここで寝ます」という意思表示をすることにしました。

前日特訓の会場に戻り、保護者控え室に入ると、灘中受験生のお母さんがたくさん集まっていました。このあと塾の先生から、明日の灘中入試について注意事項の説明があるのです。

明日は入試前に早朝特訓があります。簡単なミニテストで頭を動かしてから灘中へ移動。試験が終わったら午後からまた前日特訓があり、あさっての朝も早朝に集合します。

初めてインターネットの動画サイトで灘中を検索した時、この早朝特訓の様子を見て、こんなに変わった世界があるのかと驚きました。でも明日は息子が主役となって、あの動画と同じように、みんなで集まって勉強してから灘中入試へと向かうのです。

「二日目の午後は東大寺学園の前日特訓をやりますが、西大和学園を受験する人はそちらに行ってください」

そうでした。学園までのアクセスを事前にしっかり確認しておかないといけません。

前日特訓が終わり、息子とふたりでホテルへ向かい、ロビーに入ると、今度は受験生の親子で一杯。カウンターの前に長蛇の列ができています。やはり、先にチェックインを済ませておいて正解でした。

「腹へった」

「よし、カツを食べに行こう」

ということで、ふたりでカツカレーを食べに行きました。

前日特訓はどうだった？　と聞くと、いつも通りで何も変わらん、とのこと。

「今日はさ、一日目の算数をやってから寝る」

「そうか。灘中の算数も今日で終わりか」

灘中の算数は、一日目と二日目の二回、どちらも六十分で一〇〇点満点です。一日目は小問が並び、二日目は大問が五つ。普通の小学生ではおそらくほとんど得点できません。合格者と受験者の平均点で一番差がつくのが算数、ということで、息子はこの一年間、ずっと灘中の算数対策に取り組んできました。その勉強もいよいよ今日で最後だと思うと、なんだか感慨深いものがあります。

部屋に戻ってお風呂に入り、テレビを見てリラックスしてから、最後の算数を始めました。

六十分の過去問を終えて終了。灘中の算数、一日目の勉強がついに終わったのです。

「おつかれさま。がんばったね」

点数を見ると、驚くほどよくできています。

ずっと苦労してきた灘中の算数。息子がようやく点を取り始めたのはこの冬に入ってからでした。本番で満点を取る上位層は、五年生の頃にはこのレベルに到達しているのかもしれません。灘中を受験しようとすると、ついあの天才たちの存在を意識してしまいます。でも本番では満点を取らなくても受かる。二日間の合計点数が合格最低点を超えれば良い。年度によって波があり、最後まで完全に攻略することはできなかった。でも問題がハマれば、合格に届くはずです。

そこに、仕事を終えた妻が到着しました。

妻は部屋に入って息子の顔を見るなり、

「おつかれさま。あれ、疲れた顔をして」

と言いました。

私も息子の顔を見ましたが、いつも通りに見えます。

「眠そうな目をして。疲れたね。早く寝よう」

今日は慣れない前日特訓もあり、息子はいつも以上に緊張して疲れたのかもしれません。でも私には全くわかりませんでした。さすがは母親です。妻が来てくれて良かったと思いました。

妻もお風呂に入り、午後十時に消灯しました。明日は五時に起床します。

私が自分からエキストラベッドに横たわると、妻が笑いました。

「ハハハ。そこで寝るの？」

「良いよ。順番からいくとこうなる」

「アンタ、良い人だな」

消灯するとすぐ、妻の寝息が聞こえてきました。

「うるさいな、この人。寝に来ただけか」

そう言って怒っていた息子もすぐに就寝。妻を追いかけて、自分もグーグーと寝息の競演を始めました。

私はそっと立ち上がり、エレベーターホール近くにある洗濯コーナーへと向かいました。

これから家族みんなの洗濯を。そして、乾燥機にかけてから就寝です。

灘中入試　一日目

二〇二二年一月十五日（土曜日）灘中入試　一日目

無事に起床できました。灘中入試の朝です。今日は国語四十分八〇点、理科六十分一〇〇点、算数六十分一〇〇点の三科目、二八〇点です。

明日は算国の二科目で、応用編。灘中入試はこの二日制の試験で実力を測られるので、まぐれが起きにくい。受からなければ、実力が足りないということです。

ホテルの朝食はまだスタートしていません。先週の愛光入試の時と同じように、自分たちの部屋でコンビニのおにぎりととん汁を食べました。息子は朝食を食べたあとで、もう一度仮眠を取りました。入試前の早朝特訓の会場までは電車に乗る時間が短いため、ここで睡眠を取っておかないといけません。

気持ち良さそうに眠る息子。すっきりした表情で目を覚まし、野菜ジュースを飲んで歯を磨いたら、すぐにスマホゲームを始めました。

「おれは本番の朝も必ずスマホゲームをやる」

息子は常々そう言ってきました。そして今日、灘中入試の朝も。まさに有言実行、初志貫徹です。

家族三人でホテルを出ます。先週、同じホテルに宿泊して慣れていることで、目に見えないトラブルを回避できているはずです。

早朝特訓の会場に到着すると、保護者の控え室に人が集まってきました。そのほとんどが夫婦で、中には小さいお子さん連れも。みんな黙っていてシーンとしています。トイレに行く時に教室の前を通ると、子供たちが一生懸命に鉛筆を走らせる姿が見えました。

私は妻に小声で話しかけました。

「ネットで見てはいたけど、すごいな。本当にこんなに朝早く集まって、みんなで勉強してから行くんだな」

「すごいな、これは」

小テストで頭を少し動かしてから、ということですが、中学受験を知らない人がこの姿を見たら変わった集団に見えるのでは。でも受験生の親にしてみれば、こんなにありがたいことはありません。早めに起こさないといけませんが、ダラダラとホテルにいても、家族でケンカが始まるに決まっています。仕事とはいえ、早朝から出勤して頂いている先生たちのおかげです。

そして、午前八時過ぎ、ついに灘中の正門前に立ちました。

正門前は大勢の人の熱気に包まれていて、紋付《もんつ》き袴《はかま》のお父さんもいます。

これぞ中学受験。これぞ灘中入試です。

「筆箱は？」

「入れた」

「受験票は？」

「入れた」

「時計は？」

「入れた」

質問するのは妻、答えるのは私です。

ついに本番。あの灘中入試が始まるのです。

「落ち着いて。いつも通りに」

「毎日やってきた過去問と同じように」

私たちがそう言うと息子は、

「はいよー」と言って正門をくぐり、校内に入っていきました。

中学受験も五回目。そして間違いなく本番で合格をつかみ取る力があったという事実。ここまでに取れた海陽、愛光の合格のお守りがあるからこそ、いつも通りの表情で本番に向かえるのだと思います。

このあと午前九時十分に試験開始、終了は十二時五十分です。受験生の保護者には灘中の体育館が開放されていますが、私たちは外へ出て住吉駅近くのファミレスに行きました。ふらりと入りましたが、あとで見ると店の入り口には入店待ちの行列ができていました。会話を聞いていると、どうやらお客さんのほとんどが灘中入試の保護者か、塾の関係者のようです。

ファミレスで妻と向かい合わせに座ってモーニングセットを食べていると、午前九時十分になりました。灘中入試二〇二二、一日目の国語がスタートです。

心臓がドキドキします。

一日目の国語は、外来語やことわざなど、大人でも手がつけられない難語と、詩の読解です。でも、この国語で一点でも多く稼ぎたい。息子は年末からずっと、この一日目の国語の過去問を、本来の四十分ではなく三十五分で解いてきました。緊張する本番で、最初の国語。いつもより多い、練習で培《つちか》ったその五分が息子を助けてくれるはず。

「国語が始まったよ」

私がそう言うと妻が小声でそっと、「がんばれ」と言いました。

妻とふたりで食事をするのは久しぶりです。こうしてみると、息子にとっては優しくて良いお母さんです。

「国語は八〇点くらい取れるのかな」

妻のその言葉を聞いて私は思わず、まわりを見渡しました。

「いや、灘中の一日目の国語は、八〇点満点」

「へぇ、一〇〇点満点じゃないの？」

今日ここに来ている保護者で、灘中の試験科目の配点を知らない母親は、おそらく妻だけだと思います。

「そういえば、中学校の偏差値表とか、見たことがないんじゃない？」

「私はそんなものは見ない。アンタに任せてるんだから」

「本当に偏差値表を一回も見ずに灘中を受験か。教育ママゴンの逆だな」

私がそう言うと妻は、ファーアと大きなあくびをしました。

「それよりもスマホの充電器はない？」

「ここにある。充電器も持っていないのか」

私が充電器を渡すと妻が、あ、ありがとうございます、と言って、

「ついでに、コーヒーのおかわりもお願いします」

と言いました。

私は先ほど、自分のコーヒーのおかわりを入れてきたばかりです。それなのになぜわざわざ私がもう一度立ち上がって、妻のコーヒーを入れに行かなければいけないのでしょうか。

まあでも、たまには良いか、と思って反論せずにコーヒーを入れてきてあげると、妻がまた、

「ありがとうございます」

と言いました。

今日はやけに素直です。息子の受験というひとつの目標に向かって、妻の心の中にも私との連帯感が生まれているのかもしれません。


二科目目の理科が終わり、このあと十一時五十分からは、いよいよ灘中一日目の算数が始まります。

息子の中学受験の代名詞、灘中の算数。

息子は手も足も出ないあの灘中の一日目の算数をなんとかしようとして、これまでずっとがんばってきました。

雨の日も、風の日も。毎日、毎日、小学生が電車に乗って遠い街の塾まで通って。

帰りの電車の算数の間違い直しも、駅のベンチで考え続けたあの夜も、すべては、灘中の算数、この六十分のために。

十一時五十分になり、算数が始まりました。私が「始まった」と言うと、妻も小声で「いけー。がんばれ」と言いました。

私は思わず、ファミレスのテーブルの下で、拳を握りました。

感情が高ぶり、泣きそうになるのを必死に我慢します。

がんばれ。落ち着いて。いつも通り冷静に。

でもいけ！　いけーー!!

試験が終わる時間が近づいてきたので、ファミレスを出て灘中に向かいます。

灘中のグラウンドに到着すると、すでに大勢の保護者が集まっていました。あっという間の六十分。十二時五十分になり、校内から終了の合図が聞こえてきました。灘中入試、一日目が終わったのです。

「算数、どうだったかな」

昨年の一日目の算数は、近年では珍しいほど平均点が上がりました。昨年と同じくらいの難易度なら、息子でもある程度は得点できて「できる子」との差がつかないはず。

でも難易度が戻って難しくなると、息子には手が出せない問題が増えて「できる子」との差が明確に出てしまいます。もちろん本来はそうあるべきだと思います。でも今年だけは、息子が受験する今年だけは、簡単であって欲しい。

どうか簡単でありますように。

平均点が高い入試でありますように。


そして息子が出てきました。

パッと顔を見た瞬間、ダメだったな、と思いました。


妻とふたりで息子を出迎えて、歩き始めました。

「おつかれさま。よくがんばったね」

まずは無事に一日目の受験を終えたことを褒めました。

「腹へった」

コンビニでおにぎりを買って食べて、このまま前日特訓の会場に向かいます。

「スマホを貸して。ゲームやりたい」

妻がスマホを渡すと、息子はうれしそうにゲームを始めました。

ああ、ここで「算数どうだった？」と聞けたら、どれだけ楽だろうか。小学生には厳しい二日制入試。本人が言わないのなら、今日の手応えは絶対に聞いてはいけない。どことなく、いつもとは雰囲気が違う息子。本人が一番、「戦っている」のです。

息子は前日特訓に入り、私と妻は夕方まで、再び空き時間を過ごします。

「またファミレスに行く？」

「それより、この辺りを散歩しようよ」

妻がそう言ったので、私たちは散歩に出かけることにしました。

灘中の横を流れる川は、住吉川《すみよしがわ》といいます。その川に行ってみると、そこは川のせせらぎを聞きながら歩ける散歩コースになっていました。

「これはなかなか、良い散歩コースじゃない？」

「このまま真っすぐ下っていくと、右手の方に白鶴《はくつる》があるね」

私が好きな日本酒の白鶴。白鶴は灘中の設立にも関わっている会社です。

「これはご縁かも。合格祈願に試飲してこようかな」

「良いんじゃない。今日は車の運転もないし」

住吉川を川沿いに歩くと、気持ちがすっきりしてきます。

今日の試験の出来は忘れて、散歩を楽しもう。私たちは色々な話をしながら、ゆっくりと歩きました。

今日は朝からふたりで過ごして、妻とこんなに話すのは久しぶりです。

まもなく白鶴に到着するかな、というところで、手をつないだ若いカップルとすれ違いました。私はふと、妻と手をつないでみようかな、と思いました。

「手をつないでみるか？」

私がそう聞くと妻は、少し驚いた表情で、

「気持ち悪いからやめとく」

と答えました。たしかに。私たちは長い間、手をつないだことなどありません。

でも、そのままスッと手を握ると、妻は逃げませんでした。

「まあ、お互い手袋をしてるし」


中学受験が起こした、ひとつの珍事。灘中の合否に拘わらず、愛妻と手をつないで歩いた白鶴までの道を、私は一生忘れないと思います。


前日特訓が終わって、息子が元気に出てきました。今日は三人で夕食です。

お店は事前に予約しておきました。今日の試験の出来は聞かずに、明るい会話を心がけます。息子は元気ですが、やはり試験の手応えについては何も言いません。

早めに部屋に戻るといつものスマホゲームを。お風呂に入ってテレビを見てから、国語の過去問を始めます。

フンフンと鼻歌を歌っていますが、息子も不安に思いながら、なんとか耐えているのだと思います。

三人の中で妻だけは今日の試験の出来を本当に気にしていないようです。

「アンタ、ひまな人だな。終わったことを言っても仕方がないのに」

あれはまだ独身の頃、翌日の天気を心配していた私に向かって、妻が「それを心配することで明日晴れるの？」と言ったことがありました。

スパッと竹を割ったような、灘中の二日制入試にぴったりの性格です。

息子が国語の過去問を終えました。明日は灘中と西大和学園のダブル受験です。今日は少しでも早く寝ないといけません。

午後十一時。ここで息子が「二日目の国語の過去問を、どうしてもあと一年分やりたい」と言い出しました。

二日目の国語は七十分、つまり一時間十分かかります。さっき午後八時から一年分を終わらせて寝ようとしたのに、本人がどうしてもやりたいと言ったのでさらに一年分を追加で終わらせたところです。試験前日のこんな時間から、できるはずがありません。

「過去問をコピーしてきて欲しい。やるまで絶対に寝ない」

どうしてもゆずりません。

「どうして」

「国語で点を取らないと」

胸がズキンと痛みます。今日の試験の出来が今ひとつだったから、苦しいのだと思います。

妻が息子に言いました。

「じゃあ、パパにコンビニでコピーしてきてもらおう。準備しておいて、それで明日の朝、もし早く起きることができたらやろう。まずは寝ること、お願い」

私は過去問の本を持ってコンビニに行きました。拡大コピーをしながら考えます。明朝、早起きして過去問をやらせるべきか、睡眠を優先すべきか。

寝た方が良いのはわかっています。でも中学受験には浪人がありません。人生で灘中入試は一度だけ。やり切った、と思ってから受けさせてあげたい。

勉強をやりなさいと言っても、どうしてもやらなかった頃を思い出します。あと七十分。今になって、その七十分が足りない。

コピーが終わって部屋に戻ると、息子が私たちに、「どうしても勉強したい。必ず四時に起こして」と言いました。

「ここまで言うのなら、悔いのないようにやらせてあげようか」

明日の灘中入試は二科目。そのあと西大和学園への移動中に、少しは仮眠できるはずです。

灘中入試　二日目・西大和学園　入試

二〇二二年一月十六日（日曜日）灘中入試　二日目・西大和学園　入試当日

灘中入試、二日目の朝。

午前四時にタイマーが鳴り、息子がベッドの上でガバッと起き上がりました。

すると妻が隣のベッドから「お願い。勉強はやめて寝よう。その方が力が出せるよ」と言いました。

息子は「わかった」と言って再び横たわり、数秒後、スースーと寝息を立て始めました。

もし私ひとりで付き添いをしていたら、勉強させてしまっていたかもしれません。妻がいてくれて助かりました。

午前五時にみんなで起床。今日は算数が六十分で一〇〇点、国語は七十分で一二〇点、合計二二〇点です。二日目の配点も大きく、まだ勝負はこれからです。

今日は灘中入試のあと、西大和学園に移動して午後入試を受けます。そのあと奈良県内のホテルに宿泊して、翌日の東大寺学園の入試に備えます。たぶん今日が中学受験で一番忙しい一日になります。

東大寺学園の試験が終わったら、同じホテルに戻ってきますが、ホテルを一度チェックアウトするので荷物をまとめます。昨晩もみんなが寝たあと、私が洗濯物を乾燥機にかけてあります。

すると妻が「息子の肌着がない」と言い始めました。

「おれは知らんよ。洗濯が終わったのは全部そこに置いたし」

「だってなくなってるし。アンタさぁ、それ子供の肌着を着ているんじゃないの?」

「子供の肌着を着る奴はいない。バカか」

一生懸命に洗濯して、眠いのに乾燥機にかけたのに。私はつい、強く言い返してしまいました。

「バカ? なんでいちいち人にバカって言うんじゃ」

「お前がバカだからだ。大人が子供の肌着を着られるか!」

すると妻が手に持っていた自分の服を、私に放り投げて立ち上がりました。私も負けじと立ち上がります。

中学受験が引き起こした、一触即発の危機。妻と本気でにらみ合った灘中入試のホテルの朝を、私は一生忘れないと思います。

午前六時過ぎ、重い荷物を持って、三人でホテルを出発しました。電車に乗って、塾の早朝特訓へ向かいます。

朝食のあとに仮眠を取ったので、息子は元気一杯。でも、私と妻は交戦中です。妻は今日、西大和学園の入試が始まったら帰ります。とにかくそれまでは我慢して、息子の前ではケンカを避けないといけません。

灘中入試二日目、再び灘中の正門前に到着し、妻とふたりで見送ると、息子が正門前で立ち止まってこちらに戻ってきました。

「どうしたの？」

「今日の昼ごはんは？」

もう昼食のことを考えているとは。

でも本当は、不安になって私たちの顔を見るために戻ってきたのかもしれません。

「そうだね。今朝もコンビニのおにぎりだったし、どこかお店で食べようね。がんばってきて」

妻がそう言うと、息子はうれしそうに、灘中の正門から校舎に入っていきました。

今日も妻とふたりで急いでファミレスへ向かいます。早く行かないと寒い中、お店の外で待たないといけなくなります。なんとか席を確保して、モーニングセットを注文し、まずはコーヒーを飲みました。

「あのさ、今日は大事な日だし、おれたちがケンカするのをやめない？」

「良いよ」

ここで妻と私のケンカは一時、休戦となりました。


まもなく灘中入試の二日目が始まります。

二日目の算数は大問が五つ。五問中、もし四問できれば、一日目のマイナスをカバーできると思います。でも二問半や三問しか取れなければおそらく逆転はできない。二日制の灘中入試は一日目の出来に自信がないと、最後はどうしても二日目の算数勝負になってしまいます。

がんばっている息子の姿が目に浮かびます。

なんとか四問。がんばれ。


午前十時十分、算数の試験が終わりました。残るは二日目の国語です。今日は二科目なのであっという間。息子の灘中入試がまもなく終了します。

午後の移動のためスマホで電車の運行状況を調べます。お昼の十二時過ぎに試験が終わったら、奈良県の王寺《おうじ》駅まで電車で移動して、そこからバスで西大和学園へ向かいます。試験は十五時からですが、できれば三十分前には現地に入りたい。あまり余裕がありません。

ファミレスを出て灘中のグラウンドに到着しました。その途中で灘中の体育館が見えました。この時間には、体育館で入試問題と解答が販売されています。気になります。本当は見たい。でも今日それを見ても結果は変わらない。それよりもこのあとの西大和学園と明日の東大寺学園の入試に集中しよう。私は灘中の体育館を素通りしました。

他の保護者たちと一緒に待っていると、息子が校舎から出てきました。

昨日よりも晴れやかな顔をしています。

「とりあえずやり切ったよ」

良かった。その言葉を聞けて、本当にホッとしました。

次は西大和学園です。

灘中のグラウンドを出て、たくさんの親子が一斉に住吉駅に向かい始めました。この集団についていけば迷うことなく西大和学園にたどり着けるはずです。

途中、住吉川を渡ったところで同じ塾の友達を見つけました。

塾のクラスが落ちた時、「僕は灘中をあきらめません」と、私に電車の中で言っていた、あの彼です。彼もこのあと西大和学園に向かうはずです。

たくさんの受験生を乗せた電車は、住吉駅を出て、王寺駅を目指します。灘中受験組はもちろん、他の受験生も合流してきたようで、王寺駅に到着する頃には、車内は西大和学園を受験する親子で一杯になりました。まるで民族大移動です。

途中、電車の中で灘中を受験した二組の親子の会話が聞こえてきました。お母さんが「どう？　できたの？」と聞くと、子供たちが声を揃えて、「大丈夫。できたよ」と元気に答えました。

灘中入試を終えて、自信を持って「できた」と言える。世の中にはこんな子供たちがいるのです。その会話が聞こえているはずの息子は、ずっと窓の外を見つめています。

がんばれ。私はそっと、息子の膝に手を置きました。

王寺駅に到着しました。先程の集団の流れに乗って歩いていくと、自然にバスのロータリーにたどり着きました。バス停には行列ができていましたが、私たちはその行列には加わらずに王寺駅近くの飲食店に入りました。店内は少し混んでいましたが、受験生の姿はほとんどありません。他のみんなはお弁当か軽食を食べて、西大和学園に向かったようです。

灘中入試の前に約束した通り、お店で昼食を食べることができて、息子もうれしそう。その間に私は今回も、持ち物の確認をすることにしました。各校で試験会場へ持ち込める文房具のルールが違います。灘中には持ち込めたコンパスを取り出して、代わりに禁止されていた三角定規を入れました。

昼食を終えて店の外へ出ると、王寺駅前にできていたバスを待つ大行列もなくなっていて、ちょうど空き始めたバスに乗ることができました。

坂の上に、立派な校舎が見えてきます。西大和学園の校舎を見るのは初めてです。バスの中から、学校の駐車場が見えました。そこに、先ほど住吉川のほとりに立っていた塾の友達がいました。あれからご両親と一緒に車で移動してきたようです。そして、コートを着たお母さんがしゃがんで、彼を抱きしめるのが見えました。みんな必死で戦っています。

バスを降りて学校へ向かうと、正門から校舎までの坂道には、大手学習塾の旗を掲げた先生たちが並んでいて、懸命に生徒を激励しています。その塾に所属していない私たち親子にも「こんにちは！」と元気に挨拶してくれる先生もいます。他の塾の見知らぬ先生からの声がけですが、それがうれしくて、すごく元気をもらえました。感謝します。

校内には西大和学園の生徒が複数立ってくれていて、質問に答えたり、道案内をしてくれたりしています。生徒たちのしっかりとした様子から、学校の良い雰囲気が伝わってきます。校内はにぎやかで、まるで文化祭のようです。本命の灘中入試が終わった安心感からでしょうか、息子はちょうど入り口で出会った塾の友達と一緒に仲良く笑いながら、試験会場に入っていきました。

午後三時、西大和学園の試験が始まりました。私は妻とふたりですぐに折り返しのバスに乗って、再び王寺駅に戻りました。

バスの中で妻から、息子の着替えやお弁当、食事についての説明を受けます。「肌着は？」と、思わず今朝の嫌味を言いたくなりましたが、我慢しました。いつもそれを口にするからケンカになるのです。

バスを降りると旅行かばんを開けて、今後の着替えについての最終確認が始まりました。

今日一日で、灘中から西大和学園に向かう電車の中で一回、そして王寺駅で荷物の仕分けをしている中で一回、合計二回も、妻の爪が私の手を「カリッ」とひっかきました。普段ならクレームを入れるところですが、今日はそれでも我慢して、何も言わずに黙って説明を受け続けました。

私なりに我慢に我慢を重ねて、ついに夫婦円満のまま、妻が自宅に戻ることになりました。

「帰り道、気をつけて」

「心配。羽目をはずしすぎないように」

王寺駅の改札の前で別れて、妻がホームへと下りていきました。

妻の姿が見えなくなった時、私は思わず、あまりの解放感にガッツポーズをしそうになりました。

さらば愛妻、グッドラック。

久しぶりにひとりになりました。王寺駅近くの商業施設でベンチに座り、まずは一旦休憩です。

スマホを取り出してツイッターのトレンドを見ていたら「数学難化」の文字が飛び込んできました。でもそれは灘中入試の算数ではなく、共通テストの数学についてのツイートでした。

危ない。灘中入試は、おそらくその日のうちに各塾から解答速報が出ているはず。でも明日の東大寺学園の入試が終わるまで、灘中入試のツイートは見ないと決めています。

王寺駅からバスに乗って、西大和学園に戻り、学校の正門からきれいに整備された坂道を上がると、子供を待つ保護者で人だかりができています。

午後六時になり、三科目受験を終えた子供たちが続々と出てきました。みんなまだかわいらしい小学生、よくがんばっています。息子は四科目受験なので、まだ社会の試験中です。朝から試験続きで大変ですが、あともう少しの辛抱です。

朝から入試、午後も入試の厳しい戦い。でも息子は秋以降、塾のテストと授業で、同じようにきついスケジュールを何度も経験してきました。息子なら乗り越えられるはずです。あのロングコースの経験は、このためにあったのだと、今になって思えてきます。

陽が落ちて冷え切った学園。人は大勢いますが、保護者はみんな一言も発せずに、照明のために設置された発電機の大きな音だけが響いています。校舎の壁を見ると垂れ幕に大きな字で「祝・高校生クイズ優勝」と書いてありました。なんと、あの高校生クイズで優勝。やはりすごい学校です。

午後七時過ぎ、四科目受験を終えて、息子が入試会場から出てきました。ホッとした表情です。

「ママは？」

「帰ったよ。ここからはふたりで」

「もう帰ったの？」

妻が帰ることは息子に何度も伝えてありますが、やはりさみしいのでしょうか。そう思うと不思議なもので、私も急に不安になってきました。ここからは何かあればすべて私の責任。息子の一生に一度の中学受験、私がしっかりしなくてはいけません。

学園前からバスで王寺駅に移動し、電車に乗り換えて奈良県内のホテルに向かいます。外は真っ暗。電車は空いていて、私たちの車両に他の乗客はいません。

息子は試験が終わった解放感で元気一杯。かなりのハイテンションでしゃべりっぱなしです。

すると息子が、車窓にハァ〜と息を吐いて曇らせました。

「ねぇ、ちょっと向こうを向いていて」

「なんで？」

「今からここに指で点数を書いて、灘中の得点を計算してみる」

そうか。灘中の得点を。息子もまだ、灘中の解答速報を見ていません。でも、これで息子が感じている手応えがわかるはず。私はドキドキしながら、その瞬間を待ちました。

「はい、見てもいいよ」

私がパッと窓を見ると、そこには「ちんこ」と書いてありました。合格です。


午後九時、ホテル近くの駅に到着し、まずは事前に調べておいたラーメン店に入ります。ふたりとも晩ごはんを食べていないので、もうお腹がペコペコです。

ラーメンを注文して待っていると息子が言いました。

「灘中は、たぶんダメだ」

きた。

私はすぐに、あっそう、という感じで返事をしました。

「そうか。でもよくがんばったね」

ここまでよく我慢しました。今日一日をやり切ったからこそ、ようやくこの言葉が言えたのです。

私もホッとして、トイレに行って席へ戻ってみると、息子がスポーツ新聞を見ていました。しかも思い切り、大人のページを見ています。

「こらこら。子供がそんなのを読んではいかん」

「すごいな。合格したら、うちの家もこの新聞を取って欲しい」

私は思わず笑ってしまいました。

良かった。息子のおかげで明るさを忘れずに受験に立ち向かうことができます。


私たちはラーメンを食べ終わり、たこ焼きを買ってホテルへ移動しました。今日からの二泊は妻がいないので、息子の身の回りの世話はすべて私がやらなくてはいけません。息子をお風呂に入れて着替えさせ、先に寝させました。明日の持ち物を確認して、コンビニにお茶を買いに行って、加湿に洗濯、乾燥機。やることだらけで、ようやく座った時にはもう日付が変わっていました。大忙しですが、でもやりがいがあり、幸せな夜です。


深夜一時、先に寝ている息子を抱きしめて、私も就寝。

でも、すぐに目が覚めてしまいました。そのまま三時まで眠れません。

「灘中は、たぶんダメだ」

息子が言ったこの言葉が、頭の中で何度も響きます。

憧れの灘中学。

苦しくて、息子をギュッと抱きしめて目を閉じても、そこには灘中の正門が見えてきます。頭ではわかっていても、すぐには気持ちを切り替えることができません。

朝になって目覚めると、ようやく気持ちが落ち着いてきました。

大丈夫。乗り越えました。息子を成長させてくれただけでなく、私も成長できました。

ありがとう、灘中学。

東大寺学園　入試・西大和学園　合格発表

二〇二二年一月十七日（月曜日）東大寺学園　入試・西大和学園　合格発表

今日は東大寺学園の入試です。そして午前十時に、昨日の午後に受験したばかりの西大和学園の合格発表があります。

息子がこれまでに経験した合格発表は、中一日か、中二日でした。関東入試では当日の夜に合格発表をする学校もあるそうですが、試験翌日の合格発表でも、私たちには初めての経験です。

午前六時に起床してホテルの食堂へ行きました。ホテルの朝食はバイキング形式でした。ホテル近くの駅から東大寺学園のある高の原駅まではそれほど時間がかからないので、今日はホテルで朝食を食べることができました。入試も七回目で私の緊張も極限状態ということはなくなり、お腹が空いていたのでどんどん食べていたら、息子に怒られてしまいました。

「あのねえ、貧乏まる出しだからやめて」

「ん？　そうかな？　ガツガツしていた？」

「小さい頃にろくに食べさせてもらえなかった感じが出ていた」

失礼しました。でも朝からしっかり食べて、ふたりとも充電完了です。

息子は朝食のあとにいつもの仮眠を取りました。午前七時三十分にホテルを出発して、電車で高の原駅へ向かいます。電車の中でいつもの算数の間違い直しを一問。暗算で見事に正解しました。この時のために、入試当日の朝にやる問題を数問、事前に選んでありました。秋にはできなくて、今は間違いなくできるようになった問題。息子が当日の朝、「力をつけた」と自分で実感できる一問です。そのおかげで今回も気持ち良く入試会場に入れます。

高の原駅の改札を出ると駅の売店があり、息子がそこで昨日ラーメン店で読んでいたあのスポーツ新聞を見つけました。

「あの新聞を買って欲しい。お願いします」

「さすがに無理」

当たり前です。入試本番の朝、アダルト欄のあるスポーツ新聞を子供に買い与える親はいません。

「じゃあさ、受かったら毎朝、買って欲しい」

「ダメ。あれは大人が読むものです」

息子をなだめて駅のロータリーに行くと、そこには大勢の受験生がいます。私たちは午前八時三十分から運行する臨時バスの発車前に到着しましたが、それでもすでにこの大行列。やはり早めに出発してきて正解でした。

無料の臨時バスが来ると、受験生と保護者が次々と乗り込みます。

息子の表情を見ると、なんだかうれしそうです。灘中の入試が終わってすっきりしたようで、楽しそうな雰囲気が伝わってきます。それだけ灘中の試験問題は難しいものなんだと、改めて感じました。

バスが東大寺学園に到着しました。ここには秋の説明会で一度、息子とふたりで来ていますが、今日は大手学習塾のウインドブレーカーを着た先生たちが待ち構えていて、あの日とは雰囲気が違います。

試験前の集合場所として運動場が開放されているため、学校の敷地内はまるで運動会のようににぎやかで、赤、青、黄、白、色とりどりの旗はもちろん、大きな横断幕まで出ています。新型コロナウイルス感染症の影響が無ければもっと色々な学校でこうした横断幕が出ていたはずですが、私たちが実際に見るのは初めてです。

「おお～、これが本当の中学受験か」

息子と各塾の応援を眺めているうちに、試験の時間が近づいてきました。東大寺学園も全国屈指の難関校。親の私の方が緊張してきました。

コンビニで買ったお茶とおにぎりを渡して、筆記用具、上履き、受験票を確認してから、最後にキッズケータイを預かりました。待ち合わせ場所を決めて、いよいよ試験会場に入ります。

息子は今日も四科目で受験します。算数だけが六十分で、残りの三科目は五十分ずつ。配点は各一〇〇点です。四科目の合計と、社会を除いた三科目の合計点数を三分の四倍(約一・三倍)した点数のうち、高い方を採用してくれます。

私も算数の過去問は見ましたがやはり強烈。あんな問題を解ける小学生がいることが信じられません。

校舎に近づくとロープが張られていて、そこから先は保護者は立ち入り禁止。子供だけの戦いです。

私は息子の前にしゃがんで、視線の高さを合わせました。

「西大和学園の合格発表を見ておいて。受かっているはず」

「うん。関西受験もこれで最後。落ち着いて、いつも通りに」

息子は、うん、うんと返事をして、最後に、

「じゃあ、行ってくる」

と言って、ロープの先に進みました。そして途中で一度立ち止まって振り返り、私に向かって手を振ってから、校舎に入っていきました。

明るく落ち着いた表情で入っていった息子。よしよしと思っていたら、私のすぐそばに、塾の友達とお母さんを見つけました。その子は息子が通う灘コースでもトップクラスの実力者。まだ発表前ですが、灘中にも合格するはずです。

でも、いつもは明るい彼も、さすがに今日は真剣な顔をしています。お母さんが彼を抱きしめて、しばらくの間、ふたりは抱き合ったまま動きませんでした。

今日はこのあとすぐ、午前十時に、昨日受験した西大和学園の合格発表があります。

私は一度、高の原駅までバスで戻ることにしました。駅の隣には大きな商業施設があるので、そこで時間をつぶします。

しかし、その商業施設の中に入ると、人、人、人。東大寺学園の受験生の保護者は全員、ここに集結したのではないかと思えるほどの混雑ぶりです。施設自体はすでに開いている

のですがフードコートのオープンは午前十時。それまでの間は、館内で座る場所の取り合いになっています。

とにかく座れる場所がありませんが、私はなんとかトイレ前のベンチに居場所を見つけて腰を下ろしました。時計を見ると午前九時三十分。あと三十分で合格発表です。

そして午前十時になり、ドキドキしながらホームページにアクセスしましたが、スマホの画面が固まって、そのまま動かなくなりました。

ネットがつながらず、他のサイトも動きません。それもそのはず。おそらく今、この商業施設に来ている大勢の保護者が西大和学園の合格発表を見ようと一斉にアクセスしているのです。しばらく待っても動かないので一旦あきらめていると、他のお母さんたちがみんなでフードコートを目指して移動し始めました。

私もその流れに乗って移動しましたが、そこでもすでに椅子取りゲームが始まっています。私はなんとか窓際の席を確保して座り、スマホが動くのを待ちました。

五分、十分……。しばらくすると私の左隣にいたお母さんが、大きくのけぞりました。

あ、受かったな。

そのお母さんは、フゥ〜、と喜びをかみしめて、幸せそうに、大きなため息をつきました。

するとこ今度は右隣のお母さんが、あっ、と言って腰を浮かせました。左右を見渡して小声で電話をかけ始め、「受かったよ、受かったよ」と家族に報告をしています。

次は、私の番です。

勇気を出してアクセスすると、たしかにネットが復活していて画面が動きました。落ち着いてＩＤ番号を入れてボタンを押すと、パッと画面が変わりました。

そこには『合格』の文字がありました。

☆西大和学園に合格しました。

私は椅子に座ったまま、ゆっくりとフードコートの天井を見上げました。目に一杯にたまった涙が、こぼれないように。

強い。息子が誇らしく思えます。不合格になってから一週間。本校試験で西大和学園の合格を勝ち取ったのです。

今までやってきたことが間違っていなかったと認めてもらえたような合格です。救われました。ありがとう西大和学園。感謝します。

早く本人に、この合格を伝えたい。でも息子はまだ東大寺学園の試験中です。

妻にはいつも合否をＬＩＮＥで知らせます。今回も自分では結果を見ず、私からの連絡を待っています。

「私は忙しいんだから。アンタと違って」

でも今回はうれしくて、仕事中ですが電話をしてしまいました。

妻は電話に出ると、ものすごく喜んでくれました。

「やった、やった」

そして、

「パパもおめでとう」

と言ってくれました。やりました。アンタからパパに昇進しました。

私はもう、合格の余韻《よいん》に浸《ひた》って西大和学園のホームページを見ているだけでうれしくて、うれしくて。至福の時間。あっという間に時間が過ぎてしまいました。でも、このあと午後三時過ぎに、息子が試験を終えて出てきます。そろそろ学校に戻らないといけません。

私は商業施設を出てバスに乗り、再び東大寺学園に向かいました。ずっとフードコートにいたのに口にしたのは飲み物だけでお昼ごはんは食べていません。合格がうれしくて幸せすぎて、ごはんは要らないのです。息子も試験中に眠くなるといけないので、昼食はおにぎりを二つだけ。このあと合流してからふたりでゆっくりとごはんを食べに行くことにします。

学校に到着すると、朝以上の人だかりができていました。

まだかな、まだかな。

今までの試験終わりのお出迎えとは、やはり違います。早く西大和学園の合格を伝えたくて待ち切れません。

息子が試験会場から出てきました。駆け寄って小声で話しかけます。

「おめでとう。合格。受かったよ」

息子はまわりの目を気にして、「うん」とだけ言いました。

四科目の受験生が一斉に会場から出てくるため、臨時バスが何台も連なって、まるで修学旅行に出発するかのようにどんどん発車していきます。私たちも行列に並び、その中の一台に乗り込みました。

バスの席にふたりで並んで座ると、息子がうれしそうに聞いてきました。

「受かった?」

「うん。受かったよ。おめでとう」

しばらくすると、息子がもう一度聞いてきました。

た。

「受かった？」

もうダメです。私は必死に涙をこらえました。

「うん。受かったよ……。良かった。本当に良かった」

私はバスの中で息子の太ももをさすりました。何度も、何度も。必死に涙をこらえました。

息子の中学受験はまだ終わったわけではありません。約二週間後の二月一日には開成の入試があり、今度は全員が四科目で戦います。

社会をどうやって仕上げるか。

でも、今日はもう休憩です。金曜日から続く連泊も今日で四日目。連日の試験で、さすがに疲れが出る頃です。

「今日はもう、スマホゲームをやりまくりたい」

私は「どうぞ、好きなだけやって良いよ」と言って、息子にスマホを渡しました。

「おいしいたこ焼きを食べて、ホテルに帰ろう」

たこ焼き店で、記念撮影をしました。西大和学園のパンフレットを両手で広げて、うれしそうに笑う息子。一生忘れられない、幸せなたこ焼き。ふたりで満腹になって、三宮のホテルに戻ってからも勉強は一切せずに就寝しました。

灘中　合格発表

二〇二二年一月十八日（火曜日）灘中　合格発表

今日は灘中の合格発表です。

体育館に合格者の受験番号が掲示されるので、ふたりで見に行きます。灘中はインターネットでも合格発表がありますが、息子とは以前から、灘中の結果だけは試験の出来に拘わらず現地に見に行こうと約束していました。結果がどうであれ、それを受け止めて前に進むために。ふたりで大事な時間を過ごしてきます。

昨日はふたりで早く寝ました。でも私は深夜一時に起きてしまって、しばらく眠ることができませんでした。息子はやるだけやりました。全力を尽くしました。悔いはありません。でもやっぱり、灘中に合格させてあげたい。

本人は「ダメだった」と言っています。でも私は胸の中でひそかに合格を信じて発表を見に行きます。もしかしたら他の受験生のみんなもできておらず、合格最低点がすごく低い年なのかもしれません。信じていれば、奇跡が起こるかもしれない。

午前九時、住吉駅に到着しました。文化祭や説明会で足を運んだ憧れの駅です。でも、ここに来るのはこれが最後になるかもしれません。

コンビニで朝食を買って、ベンチに座ってふたりで一緒に食べました。

灘中に向かう親子が、何組か歩いていきます。

「ねえ、発表を見たら、どうする？」

息子が聞きました。

「そうだね。合格でも不合格でも、どちらでも、チャラリ～ン♪　と言おうかな」

「ダメだったから。本当に落ちているよ」

「うん、わかった。良いよ。その結果を見に行こう。一生懸命やった結果を、ちゃんと見に行こう」

ベンチで朝食を食べ終わり、歩いて灘中に向かうと、住吉川が見えてきました。

息子がまた私に聞いてきました。

「受かっていたら、うれしい？」

「そりゃあ、うれしいよ。跳び上がって、体育館の天井に頭をぶつけるかも」

「じゃあ、落ちていたら？」

「大丈夫。もう何度もシミュレーションして、覚悟はできている」

息子は、ふ～ん、と言って、

「受かっていたら、喜んだだろうなぁ。でも、ダメだったんだ」

と言いました。

私は息子の肩に手を置いて、住吉川の橋を渡りました。

ずっと目指してきた灘中。

本人が一番受かりたいに決まっています。


ついに灘中の敷地に到着しました。

合格者の受験番号は体育館に掲示されます。体育館の前にはすでに長い行列ができていて、私たちもその行列の最後尾に並びました。

午前十時三十分。いよいよ時間になり、列が前へと進み始めました。

しばらくすると、不合格だった親子がうつむいて戻ってきました。その姿にドキッとして、胸が苦しくなりました。私は息子の背中をさすりながら、一歩ずつ体育館へと近づいていきました。


中に入りました。

心臓がドキドキします。

何度も想像した、あの灘中の合格発表の体育館。
遠くの壁に、動画サイトで見たのと同じように、合格者の受験番号が掲示されています。
私は息子に「よし」と一声かけて、掲示板に近づきました。

何か月も前から決めていました。まずは掲示板の右下。合格最低点を確認します。
灘中の合格最低点は通常、三二〇点前後。昨年は算数が異例の高得点勝負となり、合格最低点は三四一点でした。今回、息子が試験の手応えに自信がないのは、自分の点数が感覚で三〇〇点を下回っているからだと思います。頼む。三〇〇点を切っていてくれ！

掲示板に近づいて右下を見ると、合格最低点が記載されていました。
二九七点。昨年から合格ラインが四十四点も下がっています。

やった、難しかったんだ！

よし！　合格の可能性はある！

私は息子の番号を探しました。

でもそこには、息子の番号はありませんでした。

やっぱり、なかった。

息子は、まだ掲示板を見つめています。そして私の方を振り返りました。

「ない」

☆落ちました。灘中学、不合格です。

私は、お腹に力を入れました。

息子の中学受験。私はたぶん、この時のために、ずっと一緒にいたのです。

私は事前に約束した通り、最高の笑顔で、「チャラリ〜ン♪」と言いました。

息子は恥ずかしそうに左右を確認して、でもうれしそうに「アホだ」と言って、笑いました。

まわりでは歓声が上がり、報道の腕章をつけた人たちが合格者にインタビューを始めました。そしてその中には、いつも帰りの駅で一緒にいた塾の友達の姿もあります。

「やっぱり受かったね。すごいなぁ」

私がそう言うと、息子が、

「あのくらいじゃないと受からない。元々、難しすぎる」と言って、残念そうに、

「間に合わなかったか」

と言いました。

間に合わなかった。実は私も同じ言葉を飲み込んでいました。

初めて本気になって、必死に過去問を解いた一か月半。息子は猛烈な勢いで合格に迫りました。

あと一か月、いや、あと半月あれば。

本気になるのが遅すぎたのです。

掲示板の前に人が集まってきました。

「よし、じゃあそろそろ行こうか?」

「待って。もう少しここで見ていきたい。受かった子たちを見ていたい」

息子がそう言うので、私たちは邪魔にならないように体育館の隅に移動して、掲示板の前に来る親子の姿を見続けました。

子供の受験番号を見つけて、大声をあげて跳び上がるお父さん。うれしくて、お母さんに抱きつく子供。

一家総出で合格発表に来ていて、新聞社の取材を受けて何度もガッツポーズを繰り返す家族。

息子は体育館の隅から、あと少しだけ、と言って、その光景をずっと見続けました。

大事な時間。私は何も言わず、息子が自分から「帰る」と言い出すのを待ちました。この現実を目に焼き付けようとする息子。この先の長い人生で、息子は必ずこの不合格を、この悔しさを、自分の糧《かて》にできるはずです。

体育館の歓声も落ち着き始めて、私たちは外に出ました。ふたりで歩いて住吉駅に向かいます。おそらく、ここに来るのはこれが最後です。

「よくがんばったね」

私は歩きながらずっと、息子の背中をさすりました。

「やっぱり、ダメだった。でも惜しかったな」

息子はそう言いながら、歩き続けました。

灘中の合格発表は、体育館の掲示板の発表と同時にインターネットでの発表も行われ、そこでは個人の点数を見ることができます。（注・二〇二二年時点）

一日目の国語、理科、そして二日目の算数、国語。息子はよくがんばりました。ほとんどの科目で合格点に届いたように見えます。過去の灘中模試で、これだけ点数が揃ったことはありませんでした。息子の力はやはり、最後に伸びていました。

惜しかった。二日目の算数も、国語も理科も、負けなかった。そしてやはり、息子と合格者との差がついたのは、一日目の算数でした。

まぐれが起きにくい二日制入試で、はっきりと、合格するには力が足りないと、現実を突きつけられました。完敗です。

住吉駅のエスカレーターを上がりながら、私は言いました。

「いや〜、やり切って満足だね」

「あのね、受験したのはおれ。おれのセリフね」

「あ、そうでした」

ふたりで電車に乗ると、息子が、

「ねえ、西大和に入学の申し込みをして欲しい」

と言いました。

そうです。今日の深夜、正確には午後十一時五十九分までに入学金の二十万円を振り込まないと、西大和学園の入学資格を失うことになります。

東大寺学園の合格発表は明日の午前十一時ですが、西大和学園はその前に締め切られるため、灘中に合格しなかった場合は、西大和学園に入金して進学の権利を残さないといけません。

「早く。西大和に入学できるように。お願いします」

もちろん、私も同感です。苦労してつかんだ難関校への進学の権利。私はスマホで申し込みボタンを押して、西大和学園に入学金の二十万円を振り込みました。

私たちはそのまま塾へと向かいました。

つらいはずの灘中不合格の夜。塾に行けば、灘中に合格した仲間たちがいるはずです。でも息子は、「じゃあ行ってくる」と言って、こちらに手を振って塾に入っていきました。合格と不合格を繰り返すこの中学受験。息子は本当に強くなりました。

塾の授業は先週木曜日以来で久しぶりです。二月一日からの東京・神奈川の最難関校を受験する塾生のために関東対策の特別授業が数回あり、息子もその授業を申し込んであります。

息子が塾にいる間、私はファミレスでメールの返信と電話連絡に追われました。金・月・火曜日と平日の仕事を休んでおり、もちろん職場の仲間がフォローをしてくれていますが、取り引き先の全員が息子の中学受験でお休みすることを知っているわけではありません。中学受験の伴走を仕事の言い訳にはできない。この休みの間に問題が起きれば、それはやっぱり自分の責任です。

致命的な失敗だけは未然に防ぐため、時間の許す限り連絡をして、再び塾へと向かいました。

塾の授業を終えて、息子が友達と駅のホームに走ってきました。はあはあと息を切らして、なかなか言葉が出てきません。

どうしたの？　そんなに焦って何を伝えたいの？

「ゲームを、やるから、早く、スマホを」

思わず笑ってしまいました。元気そうで何よりです。

帰りの電車でもいつもの算数を一問やって、ついに関西受験が終了。五日ぶりに帰宅しました。

妻が笑顔で迎えてくれます。

「やった、無事に帰ってきたね。おつかれさま」

妻はそう言って、息子を抱きしめました。

「よくがんばったね。一生懸命に努力してがんばった。これだけやったなら、ママはもう、何も言うことはないよ」

灘中の不合格については何も言わず、ただずっと、息子を抱きしめてくれました。ママありがとう。

東大寺学園　合格発表

二〇二二年一月十九日（水曜日）東大寺学園　合格発表

灘中の合格発表から一夜が明けました。今日は青空が広がり、素晴らしい快晴です。私と息子は電車に乗って、東大寺学園の合格発表に向かいました。

前日までの連泊と、灘中合格発表の気疲れもあって、体力的にも精神的にも疲れていたのでしょうか、息子は電車に乗ってから到着するまで、電車の中でずっと寝ていました。

良い天気です。二日ぶりに高の原駅で降りると、太陽がまぶしくて。

少し時間に余裕を持って掲示板の前に立ちたかったので、今回はバスを待たず、ふたりでタクシーに乗って東大寺学園へと向かいました。

午前十時四十分、学園に到着。趣のある正門を抜けて敷地内に入ると、まるであの二日前の騒がしさが嘘のようにシーンとしています。合格発表は午前十一時。遠くに人だかりが見えてきました。

「あそこで発表があるのかな」

東大寺学園の入学希望者は、合格者向けの書類を今日の午後三時までに取りに来る必要があります。でも大手学習塾は塾の先生がまとめて書類を取りに来るそうで、掲示板前の人混みはそれほどでもありません。小学生と保護者、塾の関係者が、合わせておよそ五十名から百名、といったところでしょうか。そこでは笑い声が聞こえたり、子供たちにも笑顔が見えます。

「あそこの窓ガラスに番号が貼られるみたい」

私は息子と一緒に受験番号が貼られる校舎の前に行きました。思ったよりも空いていたので、最前列に陣取ります。

「あと十分」

私がそう言うと、息子が「恥ずかしいから、受かっていても大きい声を出したり、抱きしめるのは禁止ね」と言いました。

二日前、東大寺学園の入試を終えて出てきた時は、西大和の合格を伝えることで頭が一杯。東大寺学園の試験の手応えについて考える余裕がありませんでした。息子はあの日、バスが高の原駅に到着すると、自分から「今日はできたと思う。あれだけ算数ができれば受かったはず」と言っていました。

「今日は自分で番号を探したい。パパは東大寺学園の受験番号を覚えてる?」

「覚えていないけど、受験票のコピーは持ってきているよ」

「おれは覚えているから。今日はそのコピーを見ないで、番号を知らないままにして。自分で番号を探して結果を知りたい」

私は東大寺学園の受験番号を本当に覚えていませんでした。

「わかった。じゃあ自分でゆっくりと確認して」

私がそう言うと、息子がふとこちらを向いて、

「ねえ、落ちてるかもしれん」

と言いました。


しばらくするとざわざわと音がして、子供たちと保護者が校舎の前に集まってきました。窓ガラス越しに校舎の中で人が動くのが見えます。いよいよ発表です。

窓ガラスの内側に、合格者の受験番号を書いた大きな紙が、一枚、また一枚と貼られていきます。

歓声が上がり始めました。

私は、隣にいる息子を見ました。息子はじっと窓ガラスを見つめています。

一枚、また一枚。

紙が貼られるたびにドキドキして息子の方を確認しますが、息子はまだ動きません。も

うかなりの数の受験番号が貼られました。

ダメだったか。

随分待ってから、私が「ないか」と聞くと、息子が「ダメだ」と言いました。

息が止まりました。でも、声を絞り出します。

「そうか、でもよくがんばったね」

私がにっこり笑ってそう言うと、息子が、

「いや、目が悪くて数字が見えん」

と言いました。

えっ、まだ合格の可能性があるのか。

私はドキドキしたまま「受験番号は?」と聞きました。

息子から番号を聞いて、私も探します。

どこだ？　あの辺か。

お願いします！　合格していて！

見つけた。

灘中の掲示板にはなかった、息子の受験番号を見つけました。

☆東大寺学園に合格しました。

受かった！　と言いたいのをこらえていると、息子が「ねえ、スマホを貸して。早く、スマホ」と言って、私の手からスマホを奪いました。

息子は私のスマホで掲示板を撮影し、その画像を右手で拡大して、私に向かって叫びました。

「あった！　受かった！」


「おめでとう！　やった。おめでとう！」

息子はスマホを見つめています。

「おれさ、目が悪くなって、見えんかった。おれの番号がないように見えた。本当に、落ちたと思った」


『合格された方は校舎に入り、書類を受け取ってください』

学校のアナウンスがあり、私たちはふたりで校舎に入りました。合格者だけがもらえる書類。コロナ禍で掲示板発表が減ったのは仕方がないことですが、やはりインターネットではなく現地で知る合格は格別です。

書類を受け取って校舎を出ると、上空には、きれいな青空が広がっていました。息子とふたりで高の原駅まで、今日は合格の喜びを感じながら、ゆっくりと歩いて戻ります。


帰りの電車で、私は息子に日本史の基本用語のプリントを手渡しました。

「社会か。久しぶりだな」

関西受験、連日の遠征受験を締めくくった、東大寺学園の合格。でも息子には、まだもうひとつの目標である関東受験が残っています。開成まで、あと十三日。社会の対策が始まります。

東大寺学園の合格発表のあと、息子はそのまま塾の授業へ向かいました。私も息子を塾に送ってから、久しぶりに職場に顔を出しました。

別に悪いことをしたわけではないのですが、それでもやっぱり、なんとなく緊張します。社内には中学受験の伴走を経験した人はいないので私が平日に休んで何をやっているのかと思っている人もいるかもしれません。そもそも入試が平日にあるとは思っていない人もいるはずです。

フロアで一番偉い席に座る上司に挨拶をしに行きました。

「おう。どうだった？」

「ありがとうございました。無事に終わりました。まだ全部終わったわけではありませんが」

「まだあるの？」

「そうなんです。でももうすぐ終わります」

「そうか。おつかれさんだな」

ホッとしてデスクに戻り、まわりのみんなにもお礼を言いました。

「仕事を助けてくれてありがとう。落ちたけど、受かったよ」

私がそう笑うと、心配そうな顔をしていたみんなが、うわあ、と大きな声で喜んでくれました。


夜になってから再びお迎えに行きました。

駅のホームで待っていると、息子が友達と元気に走ってきました。

「ジュースを買って！」

息子は私からお小遣いを受け取ると、ジュースを買いに自販機の方へ走っていってしまいました。

塾の友達が私に、「おめでとうございます」と言いました。

その子は昨日、灘中に合格しています。

私もその子に頭を下げて、お礼を言いました。

「ありがとう。そして、灘中合格、本当におめでとう」

灘コースには、両親の仕事の都合で引っ越しが決まっていて、関東の最難関校への合格を最終目標にしている仲間がいます。男子だけでなく、女子の最難関・桜陰への進学を目指して勉強する女の子も。今週末には渋《しぶ》谷《や》教《きょう》育《いく》学《がく》園《えん》幕《まく》張《はり》中《ちゅう》（渋幕《しぶまく》）や、ラ・サールの入試が迫っています。

灘中入試が終わっても塾に通っているその子たちの存在は、今の息子にとってはありがたい。本気で努力し続けている子が身近にいることで、息子の気が引き締まります。

息子がジュースを買って、うれしそうに走ってきました。

友達が息子に「うれしい気持ちはわかる。でもまだ開成が終わっていない」と言うと、息子は「わかってる。まるで母ちゃんみたいだな」と言いながら笑いました。


塾から帰宅すると、妻が息子に言いました。

「合格おめでとう！　すごい。よくがんばったね」

妻はそう言いながら、息子を思い切り抱きしめました。

「でも、喜ぶのは今日だけにしよう。まだ開成がある」

「わかってる。うるさいなぁ～」

友達と母親に、同じことを言われている息子を見て、私は思わず笑ってしまいました。

ふたりのその会話を聞きながら、私はリビングに座りました。受験が始まってから、こんなにホッとできるのは初めてです。

その日、私は深夜までずっと、西大和学園と東大寺学園のパンフレットを見続けました。幸せな時間。ずっとずっと、パンフレットを見続けました。

開成の過去問

翌日から、息子の開成受験対策が始まりました。関東の男子校トップは国立の筑波大学附属駒場中学校。でも全国から受験が可能な私立中学としては、開成中学が関東男子校の最難関です。

六年生になった頃、息子が私に「みんな灘中、灘中と言うけど、開成もすごい」と言いました。

開成の合格は難しい。でも灘中入試の得点を見てもわかる通り、息子の力はこの一か月半で急激に伸びています。

「なるべく年度数が多い過去問集を買ってきて」

息子にそう言われて、私は開成の過去問を十年分集めた本を購入しました。

「ここから一日に一年分やれば、十年分できる。とにかく過去問をどんどんコピーしてきて」

私はひたすらコピー、コピー。過去問集の指示通りに、入試問題はＢ４からＡ３に、解答用紙はＢ５からＢ４サイズに拡大し、クリアファイルに一年分の問題と解答用紙、解答を入れて、息子のかばんに入れてやります。

これまでと一番違うのはやはり、「社会」の存在。

息子は灘中を目標に勉強してきたので、六年生になってからは受験勉強のほとんどの時間を算数に費やしてきました。社会は苦手ではありませんが、関東の受験生は社会に強いと聞いています。ましてやそれが最難関の開成クラスとなると、その習熟度はもう想像もつきません。

「そもそも、社会が間に合うのかな」

私は不安に思いながらも、絶対にそれを口にしませんでした。

灘中対策で力を振り絞った一か月間。あとひとつ、もうひとつ。息子はそう言って、灘中の過去問に取り組みました。大学受験前の高校生でも、これほど勉強をしない、と思ったほどです。あの努力をあと二週間続けたい。あとは息子の集中力を信じるしかありません。

この日、初めて開成の四科目の過去問を終えた息子の合計点数は、その年の合格最低点に届きませんでした。開成は灘中に比べるとオーソドックスな問題が多いと聞いていましたが、さすがは最難関。そう簡単には点が取れません。でも心配していた社会の点数は意外と悪くなさそうで、そこにわずかな光が見えます。

一月某日

コロナ禍ということもあり、年明けから受験が終わるまで、小学校はずっと休んでいます。

今日は塾の対策授業はお休みです。朝は仕事に行く私と一緒に電車で街へ出て、塾の自習室に向かいます。お昼に私が仕事を抜けてお迎えに行き、ふたりで昼食を食べたあと、再び自習室に戻ります。私の仕事が終わるのを待って、一緒に電車で帰宅し、夕食を食べてから高校受験専門塾の自習室へ行きます。

たまに、塾の都合で自習室が使えない日があります。そういう日は知り合いの喫茶店に頼んで席を作ってもらって、朝から喫茶店で過去問をやります。

私がよく利用していて、ご年配の女性ふたりで営業しているお店なので、何かあれば連絡してくれます。

「安心して。ちゃんと見ていてあげるから」

お昼に私が迎えに行って一緒に昼食を食べて少し休憩したあと、再びひとりで開成の過去問に取り組みます。

夕方、息子を喫茶店に迎えに行くとテレビが消してあり、お店がシーンとしていました。

「勉強の邪魔になるといけないからね」

休憩のたびにジュースを飲んでいた息子。期間限定で数回の事とはいえ、おふたりには

小学6年生・受験期のスケジュール

6:00	起床　朝食
7:00	電車で出発
8:30	塾に到着
	自習（過去問）
12:00	自習（過去問）・授業
18:00	授業終了
19:30	電車で帰宅　食事
20:30	車で近所の自習室へ
21:00	自習室（過去問）
22:30	車で帰宅　入浴
23:00	就寝

本当に感謝です。お会計を多めにお支払いしておきました。

全力で勉強に打ち込む日々。人生で忘れられない十三日間。

自習室も喫茶店もお休みの日は、知り合いの会社のデスクをお借りして、過去問に取り組みました。

朝からふたりで出発して、勉強をがんばって一緒に帰る。そのペースを崩したくないため、どこか勉強できるスペースはないかと探しました。図書館を使うことも考えましたが、小学生を平日にひとりにするのも心配です。

五十代の男性社長と女性社員がふたりで働くその会社は付き合いも古く、特別にデスクをひとつお借りしました。

社長に息子を紹介して、私は会社に出勤します。今頃がんばっているかな、と思っていたら、社長からＬＩＮＥが来ました。「うちの本棚にあるマンガを読んでいますね」

こらこら。お昼に社長と息子と一緒に外食をして、午後からはまた過去問です。

「時間を計って真剣にやっていたようですよ」

知らない大人の中でも、集中して勉強できるたくましさも身についてきました。

「がんばれ。小学六年生が、あの開成の問題に取り組める。こんなに幸せなことはないよ」

私は帰りの電車で毎日、息子にそう語りかけました。

一月某日

今日も午前七時の電車で塾の自習室に向かいました。開成の国語は五十分、理科も四十分と灘中に比べると試験時間が短く、その感覚を身につけようとがんばっているようです。でも科目ごとの時間が短い分だけ、灘中よりも過去問の数は早くこなせます。そして久しぶりの社会の勉強は楽しくて、過去問をもっとやりたいとのこと。

これまではずっと、満点を目指す勉強をしてきました。でも過去問の勉強を始めてからは、満点を取るのではなく、合格最低点を取る勉強に変わりました。

「これ以上は、やらんで良し」

それが気持ち良さそうで、息子の場合はもう少し早くこの勉強法に切り替えても良かったのかもしれません。

今日はふたりで駅の立ち食いうどんに行ってきました。お腹一杯で電車に乗ると、息子の方から、「一緒に社会をやろう」と言ってくれました。私が答えを隠して息子が答える、楽しい時間。

中学受験も残りわずか。ふたりで電車で一緒に帰るのも、あと数回で終わりです。

二〇二二年一月二十九日（土曜日）

いよいよラストスパートです。一気にやるから過去問も全部コピーしておいて、とのこと。一時間以上かけて、残り四年分の過去問をコピーしてきました。年度ごとにクリアファイルに分けて、半分は宅配便で東京の宿泊ホテルへ送りました。宅配便を駆使して事前に送ることで、できる限り手荷物を減らします。スーツケースなし、着替えも下着だけ。あとはホテルのコインランドリーで洗濯します。


いつものように塾のお迎えに行くと、息子は今日も元気に出てきました。

そして、帰宅して驚きました。愛妻がすごくきれいになりました！

開成の受験を前に、恥ずかしい恰好では行けないと思ったのか、久しぶりに美容院に行ってきたようです。びっくりしました。かわいいです。

妻を褒めていたら息子が、

「ひょっとして今晩ふたりで変なことをしようと思っているんじゃない？」

と言いました。私たちが、

「ハハハそんなこと絶対にないから安心しなさい」

と言うと息子が、

「二〇三四中学受験」と言いました。

恐ろしい。妻としっかり距離をとって就寝しました。

（ちなみに後日、フォロワーの方からご指摘があり、妊娠期間を含むと、正確には「二〇三五中学受験」でした）

二〇二二年一月三十日（日曜日）

開成入試は、あさって二〇二二年二月一日（火）に行われます。私たちは前泊するので、前日の一月三十一日（月）に東京に向かいます。

そしてその直前、本番まで残りあと二日となった一月三十日（日）の夜、午後七時。開成の過去問で、息子の四科目の合計が初めて合格最低点を超えました。

息子はこの日も朝七時過ぎの電車で自習室へ向かい、昼食のあとは私と一緒にファミレスで過去問を解いていました。試験時間の感覚にも慣れてきて各科目で高得点が取れる時が出てきたのは知っていましたが、これまで四科目の合計が合格最低点を超えたことはありませんでした。

「おお！　超えた！」

私は思わず歓声を上げました。あくまでも過去問での話ですが、でも、あの開成の合格最低点を超えた。息子は私とハイタッチをすると、すぐに私のスマホでゲームを始めました。

私は息子に言いました。

「本番ではどうかわからないけど、でも、現役の小学六年生が、あの開成の過去問で合格ラインを超えた。気持ち的には勝った！」

「でも本番がダメならどうする？」

「ダメで結構。考えてみてよ。たったの十日で、あの開成の合格ラインに届くなんて。すごすぎる。本当によくがんばったね」

息子は「そうかな」と言って、うれしそうに笑いました。

「パパは君の努力を、誇りに思う」

私は何度も何度も、息子を褒めました。

開成　入試　前日

二〇二二年一月三十一日（月曜日）

今日は開成入試の前日です。朝から息子とふたりで東京へ出発し、夜には仕事を終えた妻がホテルで合流します。それまでは私がしっかりとサポートしないといけません。

早起きして自宅のゴミを出して、洗濯をして、小学校に行って先生に届け物をしてきました。このあと自宅を掃除してから出発します。

荷造りは最小限に。受験の前泊を何度も経験して慣れてきました。最後の勉強道具となる過去問のコピーやクリアファイルなど、送れるものは事前にホテルに送ってあります。これが非常に便利で、もっと早くこの方法に気付くべきでした。

息子を起こして着替えさせ、朝食をしっかり食べさせてから出発しました。

行きの電車ではひたすらスマホゲームです。

「今日は向こうに着いてから勉強するから」

まあ、まずは元気そうで何よりです。

午後二時、東京のホテルに到着しました。まだチェックインには早いのですが、そろそろ勉強を始めなくてはいけません。ホテルの人にお願いして、ロビーで机をお借りしました。

ようやく過去問スタートです。でも開成の算数をひとつやったら、昼寝をするそうです。だったらさっき電車の移動中に寝れば良かったのに、と言うと、それとこれとは別、スマホの時間も必要だから意味はあった、とのこと。

算数の過去問を終えるとチェックインの時間になったので部屋に移動しました。息子は部屋に入った途端にベッドに横たわり、爆睡しました。起こさないと夜まで寝てしまうので、スマホで目覚ましをセットします。

一時間ほど睡眠を取り、今度は国語の過去問を始めました。過去問はあと二年分を同時進行で進めているようで、すでに終えた科目もあり、残る科目の出来次第ではどちらも合計点数が合格最低点に届くかもしれません。

受験の前泊はどこのホテルでも照明が暗いので苦労しますが、今日のホテルは明るくて助かります。

息子は国語の過去問をひとつ終えて、またスマホゲームを始めました。

私はふたり分の夕食を購入しにコンビニへ向かいました。妻の指示に従い、できる限り栄養バランスに気をつけて買い物をします。

夕食を食べ終わり、息子が再び開成の過去問を開始しました。

まずは理科を。息子が採点すると、四科目の合計で、その年の合格最低点に一点、足りませんでした。

「スマホを貸して。この最低点に繰り上げ合格の分が含まれているかどうかをネットで調べる」

渡したが最後、そのままスマホゲームをやっています。

ゲームを中断させるためにお風呂にお湯を張りましたが、風呂上がりにまたスマホゲームを始めました。風邪をひくといけないので、パンツを穿かせて、Ｔシャツを着させて、まるで保育園児のお守りです。

そしてついに、最後の過去問を始めました。暑がりの息子がとうとうパンツもシャツも脱ぎ捨てて、すっぽんぽんになって、開成の過去問を終えました。

「終わり」

自己採点が終わり、息子が裸のままスマホゲームを始めます。

見ると、また四科目の合計で合格最低点を上回っています。

「おつかれさま。この二週間、そして三年間、よくがんばったね」

息子が勉強を終えて私のスマホでゲームをしていると、そのスマホに着信がありました。

妻が東京に到着したのです。

「駅に着いた。迎えに来て」

「おいおい、自分で来てよ」

「東京はわからん。右も左も。どこへ行けば良いのかわからん」

仕方なくホテルに息子を残して、妻を迎えに駅の改札へと向かいました。

でも都会の駅は田舎と違って同じ駅でも改札が複数あり、妻となかなか合流できません。

「どこにいる？　私は仕事で疲れて来てるのに」

何度目かの電話で、妻がついに叫びました。

「こらー、どこかわからん。早く迎えに来てよ！」

東京の夜空に響く、愛妻の怒鳴り声。

ようやく無事に合流。お腹が空いてイライラしていたようです。


妻のためにお風呂のお湯を張り直します。でも洗濯や明日の準備に忙しくて、うっかりお湯を張っていることを忘れてしまいました。

「ねえ、風呂は？」

妻にそう言われて跳び上がり、慌てて確認すると、すでに浴槽は満タン。しかもお湯が熱すぎます。

「まさかアンタ、失敗してないよな」

私は長袖のシャツを着たまま、熱い湯の中にエイヤ！　と腕を入れて栓を抜き、冷水を足してごまかしました。

洗濯と乾燥、明日の準備を終えて消灯。私は例によってエキストラベッドに横たわります。

妻と息子の寝息が聞こえてきました。

明日はいよいよ二月一日。東京・神奈川の中学受験、決戦の日です。この東京では今晩、大勢の親子が緊張した夜を過ごしているはず。でもその中で、こんな大事な夜に濡れた服を着て寝るのは私だけだと思います。

あと少し。もう少しで中学受験が終わる。

私は布団の中で、水に濡れて冷たくなった長袖をさすりながら、眠りにつきました。

小学六年生　二月

開成　入試

二〇二二年二月一日（火曜日）開成　入試当日

二月一日、開成入試の朝を迎えました。

午前五時に息子を起こして、おにぎりとみそ汁を食べさせて、再び仮眠を取ります。時間になったので起こすと息子が、「頭がすっきりした」と言いました。大切なルーティンを終えて、開成入試へ出発します。

東京の電車には早朝から受験生の親子が一杯。今日が中学受験のピークです。西日暮里《にしにっぽり》の駅に到着すると、ここにも受験生と保護者がたくさんいて、みんな続々と校舎へ向かいます。

ふと見ると、子供たちがいつの間にか、受験票を入れたカードケースのようなものを首からぶら下げています。びっくりして入試要領を見ると、「試験当日、受験票はケースに入れて首から下げること」と書いてありました。

あれだけ何度も確認したのに、すっかり見落としていました。持っていないのは息子だけです。

やばい。妻にばれたら大変なことに。

そして何より、本番前の息子に余分なことで心配をかけてしまいます。

その時、私のかばんの中に、仕事用のカードケースがあるのを思い出しました。中身を抜いて、そこに予備の受験票をセットしました。これで見た目には他の子供たちと遜色ありません。

私はあたかも何事もなかったかのように、息子の首にそのカードケースをぶら下げました。

「何これ?」

「ほら、みんなぶら下げている。用意してきたから」

妻が「へえ、パパえらいね」と言いました。

ピンチを乗り越えて、一ポイント獲得。今日は良い日です。

開成の運動場に入ると、受験生の親子でものすごい行列ができていました。蛇行しているその行列が、少しずつ距離を取って前に進んでいきます。

「すごいな、これが関東の中学受験、そして開成入試か」

先日行われた灘中の受験者は六百人台でした。それに比べて、今日の開成の受験者は千人以上。初めて見る関東のトップ集団です。

試験会場に入る直前、息子は少し緊張した表情を見せました。

「大丈夫。受験も八回目。ここにいるほとんどの子が、受験はまだ二回目や三回目のはず。みんな緊張しているよ」

「そうか、三回目なら、おれの西大和の一回目の時と同じくらいか。それならまだ緊張しているかな」

息子に少しだけ見えていた緊張感が消えました。

「ここから先は子供だけ」のエリアが近づいてきて、息子がその中に入りました。妻が息子をネット越しに追いかけて、人目をはばからずに大きな声で叫びます。

「がんばれ！　がんばれ!!」

その声は、大勢の人の中でも息子に届きました。息子は少し恥ずかしそうに手を振って、開成の校舎の中へと入っていきました。

息子を見送って開成の運動場を出ると、学校の目の前に神社がありました。開成の中学校舎がある坂の下まで、受験生の保護者がずらりと並んでいます。

「おいおい、これ全部、参拝待ちか」

「ここで合格祈願するものなの？」

「知らなかったな。とりあえず、並んでみようか」

みんなが並んでいるので、妻と私もその神社にお参りすることにして、その行列に加わりました。


私は祈りました。

開成の入試はこのあと一科目目が国語、そして二科目目が算数です。今年の灘中入試は算数の難易度が元に戻り、息子の力では合格点に届きませんでした。でも息子の武器はやはり算数。開成の算数が例年並みに難しければ、関東の子よりも得点できるはず。逆に問題が簡単になって高得点勝負になると、息子の武器であるはずの算数で差をつけることができません。

私は必死に祈りました。

「お願いです。算数が高得点勝負になりませんように」

今年だけは、算数で差がつく入試であって欲しい。算数に時間を費やしてきた息子の努力が活きる年であって欲しい。算数が易化することを願っていた灘中の時とは逆で身勝手な願望ですが、でも受験生の親として、そう思わずにはいられないのです。

「ついでに社会は簡単になりますように」

おそらく関東の子供たちは、息子よりも社会を細かく仕上げてきています。その地力《じりき》が活かせるような難しい入試になると、息子には不利になります。

願い事が多すぎて、お参りにかなり時間がかかってしまいました。


神社のお参りが終わって、私たちはふたりで散歩に出かけました。開成の入試は一科目ごとに四十分ずつ休憩があり、試験が終わるまでに随分と時間があります。

まずは妻がネットで見つけた学校近くにあるサンドウィッチのお店へ移動。そこでもまた少し行列に並びましたが、無事に購入できました。次は電車に乗って、目指すは上野、西郷《さいごう》さんです。


上野公園に到着し、妻とふたりで西郷隆盛《たかもり》の像の近くにあるベンチに座り、仲良くサンドウィッチを食べました。そこから不忍池《しのばずのいけ》、上野大仏《だいぶつ》や東照宮《とうしょうぐう》など、上野公園を大きく一周してからアメ横《よこ》へ向かいます。

平日でもにぎやかな商店街、アメ横。私はその時初めて、私たちが手袋をしていないことに気が付きました。我々は手袋なしでは手をつなげない夫婦です。

「ちょっとコンビニに行ってくる」

私はそう言って、お茶を買うふりをしてお店に入り、手袋を二つ購入しました。

コンビニを出て、ひとつを妻に渡すと妻が、

「はは。アンタ、また私と手をつなぎたいのか」

と言いました。

何故だかわからないけれど、恥ずかしいけれど、でも今日はやっぱりどうしても、妻と手をつなぎたいのです。

「アンタは、私のことが好きだな」

妻は笑いながら、でも手袋をつけてくれました。仕方ないな、つないでやるか、と。

二〇二二年二月一日。息子の開成中学の試験中に、私はたしかにアメ横で妻と手をつなぎました。


午後二時、試験終了時刻になり、妻と私が開成のグラウンドで待っていると、息子が塾の友達と一緒に出てきました。

「おつかれさま」

「良い表情をしている。やり切ったね」

息子を出迎えて、三人で歩き始めました。

すると息子が隣に来て、私と肩を組んで歩き始めました。

いつの間にか背が伸びて大きくなって、肩を組んで歩けるようになった息子。

「あれ？　良いなぁ、パパだけ」

後ろから妻の声が聞こえました。

まわりには塾の友達がいます。いつもはみんなの前だと恥ずかしがって、近づこうとしないのに。

息子は私と肩を組んだまま、何も言わずに歩き続けました。

たぶん私への、ありがとう、の言葉の代わりに。

中学受験の最後に、私は息子と肩を組んだまま、開成から西日暮里駅へと歩きました。

開成　合格発表

二〇二二年二月三日（木曜日）開成　合格発表

入試から二日が経ちました。今日はお昼の十二時にインターネットで、開成の合格発表があります。

私は朝九時過ぎに、パソコンの前に座りました。

この合格発表のために仕事は休みました。メールでできる仕事を進めようとしましたが、ドキドキして落ち着かず、なかなか手につきません。

あと一時間、あと三十分、あと五分、二分、一分、
そして、昼十二時。

ふるえる手でマウスを動かし、インターネットの画面を進めると、合格者の受験番号が映し出されました。

息子の受験番号を探します。

緊張の瞬間。

そこには、息子の受験番号がありました。

☆開成に合格しました。

受かった。あの開成に。

あの子の力は、あの開成に合格するところまで、届いていた。

妻が電話の向こうで叫びました。

えーっ！　合格？　開成に？

努力。あの子はがんばった。すごいね。

アンタもがんばったね。

あれだけ毎日、一緒に電車に乗って。

ずっと一緒にいてあげたもんね。

そして妻は最後に、私にこう言ってくれました。

「あの子、パパが一緒にいてくれたこの中学受験を、一生忘れないよ」

あとがき

こうして、息子の中学受験が幕を閉じました。
息子は塾の先生を心から信頼し、「勉強のことは、塾の先生に任せておけば良い」と私たちに言い続けました。小学生が挑む中学受験において、その信頼関係がいかに大切か。お世話になった塾の先生方には本当に心から感謝しています。

中学受験の伴走を終えて、私は会社のみんなにお礼を言って、働き方を元に戻しました。しかし、仕事をセーブしていた二年間のブランクは大きく、すぐには調子が戻りません。冬を越えてようやく少しずつですが、元の手応えを感じられるようになってきました。

息子は中高一貫校での中学生活を幸せそうに満喫しています。
息子に、「中学受験は、どうだった？」と聞いてみました。

「楽しかったなあ。最後の一か月が一番面白かった」

うれしい一言。

中学生になってからは勉強を本人に任せるようになったこともあり、私が息子と一緒に過ごす時間は少なくなりました。

でも私と息子の間には今、中学受験の伴走をする前には無かった「何か」があります。

私たちふたりがお互い言葉にしなくてもわかるその「何か」は、中学受験がくれた、大切な宝物です。


最後にひとつだけ。

息子が中学に進学してしばらく経った日。私は義母とふたりで畑仕事をしていました。

「気の強い娘ですみません」と笑いながら、本当の息子のように私に接してくれる義母は、自宅のカレンダーに息子の入試日程を記入して、私からの合否の電話を受けると一喜一憂して、息子の中学受験を一緒に支えてくださいました。

ふたりで並んで草むしりをしていると、義母が私に、「中学受験、おつかれさまでしたね」と言いました。

私が、「最難関への挑戦でしたから。あの子は本当によくがんばりました」と答えると、義母は「そうですか。そんなにすごいのなら、もっともっと褒めてあげないといけないね」と言って、草むしりをしながら、涙をこぼし始めました。

共働きで家にいなかった私たち夫婦の代わりに、義母は毎日、お留守番をしに私の家に来てくれました。洗濯物を取り込み、小学校から帰ってきた息子にお弁当とお茶を持たせて、駅のホームまで見送りに行く。

中学受験の終盤、息子はいつも「婆ちゃんは最近、生活に厳しすぎて口うるさい」と言っていました。しつこいからなるべく口をきかないようにしている、と言う息子に、自分の世話をしに来て頂いている義母への感謝の気持ちを忘れないようにと、何度も諭《さと》した覚えがあります。

「中学受験をしない友達を見下したりするような子になってはいけないし、勉強ができない友達を見下すような天狗《てんぐ》になってはいけない。でもあんなに小さい子が受験するのに、両親が厳しい存在になると耐えられない。そう思って、生活面では私が厳しいことを言う存在でいようと思ってね。厳しくしなきゃいけないと、合格してからもそれが頭の片隅にあって。そうかね、そんなにすごい学校に合格できたのなら、もっともっと、たくさん褒めてあげないといけないね」

義母は草むしりの手を止めて、「良かった、本当に良かった」と言って、ぽろぽろと涙を流されました。

こんなにも深く、支えてくれていた。

私は中学受験の間、父親ではなく「友達」になって息子に寄り添いました。父親として向き合うよりは、友達として向き合った方が子供に嫌われずに伴走できます。

その代償に父親の存在を失ったはずの息子が生活面でもしっかりと成長できたのは、義母が私の代わりに父親役を務めてくれていたからです。

義母は優しくて賢く、そして強い人です。でもあえて厳しい存在となったために、大好きな孫から憎まれ口を叩かれて、それがどれほどつらかったことか。

「ありがとうございました。これからは私が父親に戻ります」

私は息子の中学受験を通じて、厳しい父親としては息子に寄り添えませんでした。いつも一緒にいて、何かあればすぐに駆けつけてくれる友達。

毎朝早起きしてお弁当を作り、つらい時に抱きしめてくれた妻は、母親の優しさを。

そして義母は私に足りない父親の厳しさを、息子に与えてくれました。

みんなで挑んだ我が家の中学受験は、つらくて、苦しくて、でも、楽しくて。

どうか、皆さんにとっても中学受験が「楽しい」思い出になりますように。

受験校一覧（合格発表順・日付は試験日）

二〇二一年十二月十八日　（土）　不合格　海陽中等教育学校　特別給費生
　　　　　十二月二十五日（土）　合格　海陽中等教育学校　入試Ⅰ
二〇二二年　一月七日　（金）　不合格　西大和学園中学　サテライト入試
　　　　　一月九日　（日）　合格　愛光中学
　　　　　一月十六日　（日）　合格　西大和学園中学
　　　　　一月十五（土）・十六日（日）不合格　灘中学
　　　　　一月十七日　（月）　合格　東大寺学園中学
　　　　　二月一日　（火）　合格　開成中学

おまけ
ウルトラかいじゅう勉強法

私は息子に勉強を教えませんでした。

国語の読解や算数の応用問題では、私の中途半端な知識による指導は息子が遠回りする原因になると考えたからです。

私が手伝ったのは、電車の中でやる算数の間違い直しの準備と、誰が教えても答えが変わらない「暗記もの」の準備だけ。

でも私には息子の幼少期を振り返って気が付いた、「暗記もの」についてのこだわりがありました。

その名も「ウルトラかいじゅう勉強法」です。

息子は保育園に通っていた頃、ウルトラマンのかいじゅう大図鑑が大好きな男の子でした。妻はいつも、「この子はすごい。怪獣の名前を全部言えるよ」と息子を褒めて喜んでいました。

中学受験の伴走を始めてすぐ、あの怪獣を覚えた記憶力を勉強に活かしたいと考えました。息子はあの時、怪獣の名前をどうやって覚えたのだろう。たしか、怪獣の名前を手で隠して、写真を見ながら手を動かしていたはず。

私は息子が間違えた問題の隣に答えを書いて並べてみました。ウルトラマンに出てくる怪獣の名前と写真が並んでいたのと、同じように。

そして息子に「問題と答えを見て。そのあと答えを手で隠して挑戦してみて」と言いました。

覚えられない理由　その一
「問題と答えが別々にあること」

答えを「ノートに書く」と問題集をきれいなまま繰り返し使えます。でも「ノートに書くこと」で問題と答えが別々になり、勉強が難しくなるのではないでしょうか。

あのウルトラかいじゅう大図鑑には、怪獣の写真と名前が一緒に並んでいました。たとえばあれが、別々のページに書いてあったら、果たして保育園児の息子があんなに簡単に覚えられたかどうか。

今、間違えた問題を見直すとします。問題集にある問題を見て、ノートに書いた答えを見る。そしてまた問題に戻る。こと「暗記もの」に限定すれば、その行ったり来たりが覚えづらい原因になっているのかもしれません。

さらに、中学受験に限らず、問題集のほとんどは解答が別の冊子になっています。問題集の問題を見て、ノートに視線を移して、さらに解答集の答えを見る。

あっちを見て、こっちを見て、さらに向こうを見る。その行ったり来たりを、小学生が繰り返す。

私は高校時代、単語帳を作ったことがあります。受験生なら誰でも知っている優《すぐ》れもの。でも私は単語帳を使ってもどうしても覚えられませんでした。あれはもしかしたら、問題と答えが表裏別々にあり、めくらないと見えないその一瞬が、記憶を難しくしているのかもしれません。

「暗記もの」を覚える時は、テキストに直接答えを書き込んで、問題と答えを同時に視界に入れて見る。それで解決できます。

覚えられない理由　その二
「できる問題を繰り返し解くこと」

勉強に全く取り組めない子がいれば、できる問題を何度も解かせて、問題を解く楽しさを教えてあげるのも良い方法だと思います。でも子供が最も喜びを感じるのは、できなかった問題ができるようになる時です。

いつまでもできる問題を繰り返していても、なかなか前には進めません。できるようになったら、とばす。できない問題だけを、答えを手で隠して解いていく。これを何度も繰り返すと、できない問題と答えを頻繁に見るので効率良く勉強できます。

「これからは、この方法でいこう。もちろん書く力も大事。記述や算数、応用問題は、今まで通りノートへ。でも暗記するだけなら、もうノートに書かなくて良いよ。パパが全部答えを書いておくから」

「ノートに書いて覚えないと、ママに怒られるよ」

「そう。みんな怒るよ。でも、みんなが間違っているのかもしれない」

息子は、「怒られるから嫌だなあ」と言いました。

灘コースに入ると、それまでよりも頻繁に、毎週のように小テストがありました。そのほとんどは国語の漢字、語句、そして社会の地名、人物名、理科の植物の名前などの、暗記ものです。

「面倒くさいな」

テスト範囲の問題を見て、ノートを取り出した息子。

「あれを使おう。ウルトラかいじゅうを」

「一度はノートに書いておかないと。塾の先生にチェックされるよ」

「大丈夫。先生に怒られたら、パパが説明するから」

私はそう言って、問題のすぐ隣に、鉛筆で答えを書いてやりました。

「あ〜あ、テキストに答えを書いちゃって」

「これで良い。まず、できなくても良いから問題と答えを全部見て。よし。では次に、答えを手で隠しながらやってみて」

あの頃、ウルトラかいじゅう大図鑑を覚えたように、息子が手を移動させて答えていきます。

「じゃあもう一度、今度は間違えた問題だけをやってみて」

できた問題には私が印をつけたので、印のない問題だけを答えていきます。わからなければ、手を動かしてすぐに答えを見る。

最初は半分以上が不正解です。

間違えた問題のうち、一問できるようになった。できなかった問題だけをもう一度。

今度は二問できるようになった。それでもできなかった問題だけをもう一度。

問題を見て、手を動かして答えを見る。何度も何度も、サッ、サッと。

そしてついに、できない問題がなくなりました。

「よし、終わったね」

最後に確認のためにもう一度だけ、全問の答えを隠して挑戦してみると、やっぱりすべて正解です。

「こんなの当たり前だ。同じ問題ばっかり見て」

「そう、当たり前。でもなぜみんな、これをやらない？　鉛筆も持たずに、しかもこんなに、あっという間に」

息子はその小テストで満点を取りました。

そして、それ以来、息子は暗記の小テストの勉強を、自宅では一度もやりませんでした。

まず、私が事前にテキストに直接、答えを書いておきます。帰りの電車の中で、全部の問題と答えを見る。そして一問ずつ、手で答えを隠して、できた問題には私が隣から印をつけていきます。

六年生になる頃には、手ではなく、紙でしっかりと隠すようになりました。

「アレをやるから。早く。もう、パッと出さないと！」

私がかばんから紙を出すと、息子がそれを手にサッ、サッと移動させて、できた問題には自分で印をつけていきます。最初はほとんど不正解。でも段々と、サッ、サッ、と、できない問題だけをチェックしていくと、十分ほどで暗記完了。テキストを閉じて、私のスマホでゲームを始めます。

もしもあの時、気が付いていなかったら。

答えをノートに書いて、問題と答えと解答を別々に見て、できる問題を何度も繰り返し解いて、もっと苦労して勉強したはず。

「アレをやるから、早く」

自分が納得した勉強しかやらないガンコな息子が、一年半も使ってくれた、「ウルトラかいじゅう勉強法」

私が息子に教えることができた、自慢の勉強法です。

初出

＊

本書はTwitterアカウント「灘中までの道」の

投稿を元に大幅に加筆修正したものです。

灘中までの道（なだちゅうまでのみち）

40代、地方在住サラリーマン。息子が小学5年生の3月から1日も欠かさず中学受験にまつわるツイートをし続けた有名アカウントの主。フォロー数0のままフォロワー数は1万人超え。合格発表ツイートには最高117万アクセスのあった、最も有名な中受パパアカウントの一人。

君《きみ》とパパの片道列車《かたみちれっしゃ》

最難関校《さいなんかんこう》を目指《めざ》した父子《おやこ》の中学受験日記《ちゅうがくじゅけんにっき》

2023年 8 月30日　初版 1 刷発行
2023年12月30日　　3 刷発行

著　者　灘中《なだちゅう》までの道《みち》

発行者　三宅貴久

発行所　株式会社 光文社

〒112-8011　東京都文京区音羽1-16-6
電話　編 集 部　03-5395-8254
　　　書籍販売部　03-5395-8116
　　　業 務 部　03-5395-8125
URL　光 文 社　https://www.kobunsha.com/

組　版　萩原印刷

印刷所　萩原印刷

製本所　ナショナル製本

落丁・乱丁本は業務部へご連絡くだされば、お取り替えいたします。

ISBN978-4-334-10021-6